中文教法论道

吴艳华 主编

河北大学出版社

图书在版编目（CIP）数据

中文教法论道 / 吴艳华主编 . -- 保定 ：河北大学出版社，2017.11
ISBN 978-7-5666-1242-7

Ⅰ . ①中… Ⅱ . ①吴… Ⅲ . ①汉语－教学法－文集 Ⅳ . ① H193

中国版本图书馆 CIP 数据核字 (2017) 第 258409 号

中文教法论道

出 版 人：耿金龙
责任编辑：邓一鸣
封面设计：杨艳霞
责任印制：靳云飞
出版发行：河北大学出版社
地址：河北省保定市七一东路 2666 号　邮编：071000
电话：0312-5073033　0312-5073029
邮箱：hbdxcbs818@163.com　网址：www.hbdxcbs.com
印　　刷：保定市北方胶印有限公司
开　　本：710mm × 1000mm　1/16
印　　张：12.75
字　　数：200 千字
版　　次：2017 年 11 月第 1 版
印　　次：2017 年 11 月第 1 次印刷
书　　号：ISBN 978-7-5666-1242-7
定　　价：30.00 元

序　言

在当下高校教育大环境中，《中文教法论道》这本书显得如此独树一帜。

为什么这样说?

一直以来，高校的评价体系里面，科研指标占据着压倒性优势，高校教师纷纷忙于申报项目、撰写论文、打磨专著，以此作为晋职评优乃至体现自身价值的标准。固然，科研的提升是值得鼓励也是必须要做好的，但相形之下，本该与科研同等重要的教学工作，却无形中被“冷淡”了。相较于中小学教育中对教材教法的热烈研讨、对高效高质教学模式的积极实践，高等教育的课堂显得沉闷了许多，甚至很多教师形成了“教学费时费力又没什么成效，教得再好也比不上搞好一项课题，把几节课应付过去就好了，留着精力写自己的东西”这样堪忧的价值倾向，这也成为高等教育领域备受诟病的一种现象。然而，回到教师最基本的职责所在，无论在教育的哪一个阶段，教书育人都是教师的第一使命。让教育回归教育的本质，让课堂真正成为有价值的课堂，这看似常识的一句话，却很难说在我们的高校已经得到充分的贯彻。

回到开篇第一句话，之所以认为《中文教法论道》这部教学研究论集在当下独树一帜，正是因为在高校领域普遍对课堂教学重视不够的背景下，沧州师范学院文学院的老师们，将焦点对准了课堂教学。这部论集中的每一篇文章，都真实记录了文学院老师们针对每门课程，或者每一节课的个性化思考和教改实践心得，他们用对教育事业的真诚、对学生负责的真心、厚积薄发的真才实学，转变理念、关注教改、探索出路，努力去打造一个个真正将学生放在首位考虑的精美课堂。他们的研究视野是宽阔的，前沿的模块理论、隐喻观点乃至后结构主义的视角都为他们的教改构建着基石，让他们对课堂教学的探究多了一分学院派的高屋建瓴；他们的思考维度是多元的，学科本身的特点、班级组织的规模、学生接受心理的偏好、课堂实际教学的效果，甚至学生今后学业生涯和职业生涯的发展，都被纳入影响因素予以研究，务求让课堂信息最大化、效果最优化；他们的付出更是不计成本不图名利的，从动用私人关系为学生争取观摩实习机会，到占用课下时间指导学生学习与实践活动……这些看不见的工作难计其数。老师们真诚无私的奉献精神托举起学生的成长成才。

这样一部也许不是那么成熟的教学研究论集显得如此充满了诚意，令人心生敬重。应该说，文学院的老师们之所以能够做出这样的成绩，与学校大环境息息相关。自 2010 年学校升格为本科院校之后，沧州师范学院以培养地方性应用型人才为办学宗旨，重视课堂教学培养的效果，先后开展了本科教学观大讨论、教案展览、说课比赛、精美课堂创建、优质课评比、课件比赛、教学名师评选等系列活动，迅速带动了课堂教学及教育教学水平的提升。文学院在积极响应学校工作的基础上，自我加码，群策群力，以周密的设计部署、强有力的推进执行，更凭借老师们高度的敬业心、责任感，最终完成了本书稿的撰写，实际上也是完成了一个轮次的教改实践。

2016 年 2 月，教育部高等教育司下发《关于做好“重科研轻教学”问题专项整改工作的通知》（教高司函〔2016〕8 号），要求全国各高校针对自身不同程度存在的“重科研轻教学”问题召开党政联席会进行专题研究，要“提出切实可行的整改措施，坚决扭转‘重科研轻教学，重学科轻育人’的现象，确保人才培养的中心地位和本科教育的基础地位，不断提高人才培养质量”。可以说，在这一方面，沧州师范学院文学院的这部教学实践研究成果也正顺应了高等教育改革发展的潮流大势。

高校教学改革任重而道远，让我们共勉！

云电军

2017 年 4 月

目　　录

用精博辩学法讲授中国现代文学课

吴艳华

内容摘要：精博辩学法作为一种教学与学习模式，与一般意义上的讨论式教学不同之处主要在于：它在教学内容、教学形式、实施环节、考核与评价等方面均有着一整套相应的组织过程与目标要求。本文以现代文学课为例，细致阐述了精博辩学法的实施过程、教学效果，以资借鉴探讨。

关键词：现代文学课程；精博辩学法；教学模式探索

近几年，我连续承担了汉语言文学专业中国现代文学课的基础教学任务。

2011 年，我校提出教育教学改革的“五精工程”，即精品课程、精美课堂、精巧实训、精博辩学和精悍品格工程，从课程建设、课堂质量、实践教学、教学方法、学生个性心理特征培育等方面来推进本科专业建设与应用型人才培养。为此，我尝试进行了精博辩学方法的实践教学探索。

一、何谓“精博辩学”

实际地讲，我翻遍了词典、百度词条和文献资料，也没有找到“精博辩学”这样一个术语。也就是说，精博辩学作为一种教育教学方法，乃至在其他高校都无现成经验可资借鉴，对它的理论探讨与教学实践都要从头开始。

虽如此，如若对之进行一番“追本溯源”的话，那么相关做法倒也不完全无迹可寻。

我国古代即有“辩学”形式，它是以驳倒对手观点证明自己观点为目的的一种学术方法，如战国百家争鸣时代，以宋人惠施为代表的名家与墨、道两家有过关于宇宙万物等十大命题的辩论。另外，在我国拥有深远影响的佛教也一直有“辩经”制度，它是一种用来训练学僧从不同角度观察事物、阐述经学能力的学经形式。在现代教育学研究领域，创立于18世纪德国的“习明纳教学法”就是采用研讨会形式来探究学问，启智明理。可以说，“精博辩学”在我国古代名家辩学、佛教辩经和习明纳教学法那里受到了启发，结合我们的教学实际和学生特点，逐步明确了这种研究性教学方法的组织方式。

顾名思义，“精”即精要、精确、精湛；“博”即广博、渊博；“学”即知识、学术；而“辩”则是激活上述方面，引导学生深入探究、自主学习的方式。总之，“精博辩学”就是在广泛学习的基础上，对知识与学术进行精湛广博的激辩，在思想碰撞与观点交锋中达到教学与学习目的。作为一种全新的教学方式方法，它以教师为指导（教师对论题进行把关、点拨，对学习和辩论的方向、进度进行掌控，对观点进行点评等）、学生为主体（学生提出自己的观点、丰富自己的观点、表述自己的观点，在“辩”中层层深入、披沙沥金），将问题式教学、合作式教学、研究性教学等教学方式方法综合运用于教学过程，最大程度上调动学生主动学习、快乐学习、合作学习、创新学习，从而培养他们理解问题、提出问题、解决问题的思维能力，而这种能力必将惠及学生今后整个的学习生涯乃至职业生涯。在组织形式上，则打破一言堂、灌输式的传统教学方式，围绕着“学”这一核心，可以有更丰富的表达手段，如正反观点“对辩”的形式，一人立论多人辩的“立宗辩”形式，或不同角度不同观点的发散形式，甚至从适合学生年龄与心理特征出发，可以创造性地将歌曲、相声、情景短剧、穿越剧等元素融入其中，在严谨的教学目标、学术内容与生动活泼、开放多元的学习形式之间找到结合点。

基本方案确定之后，我们先展开了小规模实验。2012年6月，我和张凤燕、赵静春、李艳、周燕、毛海涛等老师凭借“摸着石头过河”的精神，反复实践，指导三组学生就“林黛玉和薛宝钗谁更适合贾宝玉”“网络使人亲近还是疏远”和“穿越文学的是与非”三个辩题在全校举行了首次精博辩学示范展演。师生的共同努力使此次展演充满了可贵的创造性，也由此赢得在场500余名师生的广泛赞誉，刘树桢校长“辩中激智，学中长进”的评价更是一语中的，这一成功之举为研究性教学提供了一个可资借鉴的新范式。沿着这样的努力方向，目前我们已将精博辩学运用于常规教学与学生学业考核中，同时沿着“教学成果化”思路，组织师生合作编写了近60万字的《精博辩学丛书稿》。

二、用精博辩学法讲授中国现代文学课

当我决定将上述思考与实践应用到现代文学教学中的时候，它对教学与学习的意义和作用得到了充分彰显。课堂上，我向同学们宣布了这一教学方案，首先引来他们一片新鲜好奇的声音：“精博辩学是什么?”从他们短暂的课堂“喧哗”和猜测的表情以及后来他们所写的辩学体会中，我读到了他们的兴奋、不解和跃跃欲试。

按照精博辩学的组织程序，我向同学们提出了目标、任务与要求：成立小组—确定辩题—合作学习—写出辩词—辩学展演—总结体会—编辑成册。如此繁复的环节和计入成绩考核的规定使同学们马上进入辩学状态。

（一）成立辩学小组

按照学生全员参与的设计思路，我让全班学生自由结合成精博辩学小组。每组少则 3 人，多则 10 人；可以宿舍成员结成一组，可以值日小组结成一组，也可以按照性格志趣自行结合。总之，老师对此不参与任何意见，全凭学生自由自愿，每组选出小组长负责辩学开展以及与老师保持情况沟通。这个过程看似简单，实际上是非常重要的动员阶段，每位学生都会考虑一下自己的兴趣方向、与他人的合作沟通等问题，使头脑进入渐趋活跃的思考状态。

（二）征集与确定辩题

中国现代文学课在大一年级开设，分两个学期完成。我考虑大一新生的专业基础和教学进度，在 2012 级第一学期统一规定了“鲁迅辩学”专题，第二学期不再统一定题；之后的 2013 级、2014 级、2015 级也没再统一规定，只要是现代文学学科范围的作家、作品、文学思潮流派均可作为辩论选题。

常言“题好文一半”，确定辩题是精博辩学的第一道坎儿。这一环节既要考虑学生的知识水平与学习兴趣，又要考虑课程思想与教学任务；既可以是课堂之内的专业教学内容，也可以是课堂纬度的拓展，那些与本学科实际意义相关的社会热点问题也是不错的选择，可以拓展学生的知识领域和社会应用性。辩题要求大小适度、新颖别致，符合学生的知识能力与思想能力，不

能搞成专家化与学科化。辩题征集与确定的过程其实就是精博辩学的正式开始。这个过程中，我与各个小组一起讨论选题，对所涉及的理论知识、思想观点、前沿成果等进行指导。学生的聪明才智也就一点点被激发出来，最终确立了每组选题方向，而每一组最终题目的诞生又经历了一个精益求精的过程。

比如在讨论“鲁迅杂文文艺性与政论性相结合”这一特征时，在题目确定上我的思路凝固了，两次讨论都没能想好一个合适的题目。有一天我上课时，郭雪迎同学忐忑地跟我说：“老师，我们讨论了一个题目，您看行吗?”当她说出题目后，我非常惊喜：“太棒了，就用它了!”——这个题目就是“鲁迅杂文是墨还是刀”，鲜明生动，准确传神，凝聚着同学们对鲁迅杂文“文艺性与政论性”特征的智慧思考。

又如，近年中小学课本“鲁迅大撤退现象”成为学界一个热点问题，也是师范院校中文系学生必须了解的一个问题，当我向同学们提起这个话题时，史艳卿一组“当仁不让”地把问题抢了过去。但怎么入手呢？我先让他们查资料，结果网上众说纷纭，各抒己见；我又建议他们将“去鲁迅化”之前和之后的人教版和苏教版中小学教材进行对比，并去中小学做调研。在这些前期工作的基础上，他们对问题的认识越来越清晰，最后确定了一个初看极为普通，实际“有话要说”的辩题——“也谈去鲁迅化”。

张梦月一组起初确定的题目是“郭沫若，谁是你的‘女神’”，但由于范围太广无从着手。他们来问我，我让他们背诵《女神》中的诗篇，他们却一句也记不得，倒是会背徐志摩的《再别康桥》等。我灵机一动，提出了“诗人郭沫若为什么有名篇无名句”这样一个辩题，让他们去研讨郭诗的气势磅礴、恢宏恣肆的浪漫主义特征。

关于鲁迅受尼采影响、鲁迅“狂人”与尼采“超人”的关系则是一个跨学科的比较性课题，有一定的难度，但吕家瑞等同学大胆探索，最终确定了“狂人是超人吗”这样一个辩题。

“张爱玲讲了许多故事，大雅大俗。这些故事，多为沪港洋场畸形的男女婚恋。那些男女演绎的那些故事是爱情？是婚姻？是需要？还是一场场的游戏？让我们随着那炉沉香屑，来听一听她笔下的男女那些事。”当我给同学们说完这段话，同学们高兴地说："老师，辩题有了——张爱玲笔下的男女那些事。"

"阿Q精神胜利法"及国民性批判是个经典的"鲁迅学"问题，我引导学生确定了"阿Q是表哥吗"这个辩题，去深入讨论阿Q的典型性到底有多大的覆盖面；如何理解巴金小说《家》中的高觉新悲剧蕴含，那么"大哥，好人？帮凶?"这个辩题就直接切入了学习研究过程；20世纪30年代马克思主义与自由主义两大文学思潮论争极为激烈，学生们则围绕"文学，向左？向右?"一探究竟；"《雷雨》的主人公究竟是谁"；"鲁迅选择婚姻还是爱情"；"谁害死了祥林嫂"……

……

就这样，我在和同学们的反复讨论中，一个个既符合本课程教学大纲要求又能拓展学生思想与专业空间，既能引起学生学习探究兴趣又能促进学生深入学习、提高能力水平的辩题产生了。这样的一个思辨过程，实际上就是学科知识框架的构建、深入过程，极大开启了学生思维的闸门，引导他们跳出课本的基础表述，追求更自由的学术探求之路。

（三）合作学习并写出辩词

辩题确定后，接下来就是对文献资料的搜集与学习。在小组长带领下，同学们开始泡图书馆、资料室、知网；他们有时单独学习有时"头脑风暴"，一时间都进入学习、阅读、研讨状态，个个显得很忙碌，外表看起来有了那么一点点"腹有诗书气自华"的神情。精博辩学不仅重视基础理论知识的学习，更注重思维拓展与实践能力的培养；不仅重视教师的导演作用，更强调学生的主体性学习；不仅有个人的独立思考，更强调团队的合作交流；不仅是单纯的学习结果呈现，更是学习过程的多方体验；不仅鼓励学生去想问题，更鼓励学生去表达、去表现，使学习过程更贴近实际、贴近社会、贴近教育本质。在作品阅读与资料查阅的过程中，学生们相互沟通信息，交流思想观点，深入思考研究，不仅阅读了大量作品，也初步接触到科研方法，增强了团队合作意识。六周左右的时间，一篇篇上万字的精博辩学文稿就在每组同学的手里诞生了。可以说，这一阶段是整个精博辩学的核心所在，也是学生付出最多、收益最大的阶段。这个过程中，随时都在"读""学"，也随时都在"思""辩"，这正是塑造学生创造性思维，不盲从、不服输的挑战性思维的正确之路，也是我们的教育目的所在。

（四）精博辩学展演

这一环节是学生表达能力、表现能力、思辨能力、心理素质、专业知识、学术素养、组织能力、合作能力的综合展演。首先要求每组学生将上万字的精博辩学文稿改写成简明扼要、在20分钟左右展演完成的辩词，再由小组成员全组登台进行精博辩学展演。如前所述，展演无固定形式，在老师指导下进行创意性编排，不拘一格。同学们虽然没有舞台经验，展演不那么精彩，但他们的求知求学、创意设计和大胆表现足以显示出他们丰富的想象力和创造力。2012级学委霍佳丽同学执笔写的结束语中有这样一段话："现场展演是我们学习成果的特殊表现形式，为了使展演完美无缺，我们每个组都精益求精，一丝不苟，一遍遍地练习，一遍遍地修改，克服现场表演时的局促不安，克服忘词时的紧张尴尬，调动全身心的精力与灵感，做到了自己认为的最好表现，老师同学阵阵热烈的掌声给予我们的是最大的鼓励与安慰。虽然稚嫩，但是我们大学求知路上的第一步。"

当然，在初始阶段，我们将展演作为精博辩学的最终成果来展示，其目的更大程度上是让学生展示自己的阶段性学习成果，给学生极大的心理满足与进一步深入学习的鼓励。但不可避免，事先做过精心策划及排练准备的展演，在某种程度上也失去一些辩论的鲜活性与思想火花的现场碰撞。之所以这样做，主要原因还是在于学生对原著原文的阅读量较少、学术素养的匮乏及经验的不足等因素。我们的理想是，学生经过这样的起步阶段，逐步养成读书、思辨的习惯，逐步拓展学术的视野，使精博辩学不再只是一时一刻的展演，而成为课堂上下、教室内外随时随地的智慧碰撞。

（五）写出心得体会

从分组至展演，一整套活动结束后，每位同学都写出了辩学体会。与以往应付老师作业不同的是，这些文字完全是学生自发自愿写出来的，无论长短深浅，均是学生内心想说的话。其中有的是对辩题意犹未尽的内容补充，有的是自己的专业收获，有的是总结本组活动的得失，有的是对自己学习的反思，有的是对精博辩学这一教学模式的意见与建议。总之，字里行间透露出同学的真诚与激动、收获与喜悦。例如：

张琪同学说："这种方式不再是老师讲、学生记的传统教学模式，它激发了我们的学习热情，营造了浓烈的学习氛围，它促使师生共同努力完成教学目标。"

杨静同学说："重要的一点是，明白了课堂上所讲内容太基础太浅显了，我们这一个辩题就牵扯出许多的内容，涉及的方面很广，开拓了我们之前狭窄的视野。"

袁潇月同学写道："如果这次辩学可以称之为一个任务的话，那我从中学到的，便是一个任务的成功永远不可能由自己来完成……它需要的是团队。"

孙嘉楠同学说："在我看来，知识和想法不是最重要的，而我和我的小组一起努力的这段日子，让我幸福无比。"

由最初的懵懂到最终的收获，相信我的每一位学生内心都充盈着骄傲与喜悦，这正是一个螺旋式的学习与思维的上升、总结，让学生们在潜移默化中获得收益。

三、片语感悟

首先，精博辩学成功的基础在于学生，我惊异于同学们的天才创造。精博辩学对我也是一个新课题、新尝试，虽然在全校的首次公开展演获得了巨大成功，但正式运用到常规教学中效果会怎样，这却真是一条从未有人涉足的河流。因此，同学们起初问我到底该怎么做，我也没有一个确定的答案告诉他们，只是给他们一些提示与引领，让他们自己去创造。果真，他们做出来的成绩超乎我的想象，新鲜、新奇。其实，每个同学都是一块璞玉，只要老师稍加用心雕琢，他们都会成为美玉的。老师不必抱怨学生无才，只要检讨自己是否用了心，是否用了适合的方法去引导学生、帮助学生。

其次，并不是102课时的现代文学课都采用精博辩学法。作为汉语言文学专业的基础课，现代文学是大一学生的文学入门课，要充分考虑该课程的基础性，老师对文学史基本轮廓、知识概念、作家作品鉴赏等还是要在课堂上进行程序性的讲授，精博辩学必须建立在这些基础教学、学习的前提下，引导学生对于某个问题进行较为深入的专题研讨，脱离基础学习的精博辩学是空洞的，是无法进行的。

再次，精博辩学的确是一种具体、可操作又深为学生所接受的研究式教学形式。我与他们一起讨论选题，指导他们去阅读作品和查阅文献资料，从中提炼出问题，形成自己的观点认识，再相互评价辩论，这种学习形式与收获从某种意义上说胜过老师费力的课堂教学，或者说，是对老师的课堂教学的丰富与补充。他们所写的辩学体会及课下与我的交流，都无一例外地认可和喜欢这种学习形式。我想，作为大一学生，这最初的学习训练、专业拓展和思想启迪，将会为他们进入高年级的学习研究打下良好的基础。长远看，这些辩学选题完全可以做成很好的学位论文，比如吕家瑞、史艳卿同学就是如此，他们的论文都被评为了校级优秀毕业论文。

又次，精博辩学是一种非常好的考核方式。我们一直在探索考试改革，由于各方面的原因也一直难以改变"一张试卷＋作业"的传统考核方式，30％的平时成绩往往很轻易地挂到学生成绩册上。其实精博辩学的成功实践已经告诉我们它是一项非常好的考核方式，不仅可以作为平时成绩的考核，而且可以根据需要进行大胆改革，灵活运用于期末考试中。

最后，精博辩学需改进的空间很大。比如学生作品阅读量不足导致内容空洞，辩论捉襟见肘；学术指导不够具体深入，致使学生认识肤浅，辩词缺乏深度，距"精"与"博"要求相去甚远；组织上，有的小组人员过多，老师检查不到位，给个别学生制造了偷懒机会；有的展演形式单调，或者"演"的成分过多从而削减了"辩"的深广性。但是，瑕不掩瑜，这种首创精神、探索意识以及学生们在此过程中令人击节的表现，已足以让我敝帚自珍。我更希望，作为一个可以借鉴推广的教学模式，精博辩学不仅可以应用于现代文学教学，不仅可以在大一年级采用，完全可以应用到任何一门课程、任何一个年级的教学实践中。

总之，精博辩学作为一种创新性的教学方式，它能够使学生始终保持着一种主动探索的积极状态，帮助学生建立较为广阔的知识参照背景和多元的思维参考机制，全面实现从知识本位到能力本位的跨越式发展；它贴近生活，贴近实际，引导学生学会求知，鼓励学生积极思辨，敢于质疑，善于创造，使学生们的自主学习能力、表现能力、表达能力、思维能力、组织能力和实践创新能力都得到了全面锻炼，内心充盈着学以致用的成就感、充实感和幸福感。当我把连续两届共四个学期学生们的辩学文稿、辩词、展演照片、体会总结等辑录成厚厚的四本《精博辩学》集册，以一种富有特色的成果形式展示着我的中国现代文学教学新实践、新成绩的时候，当我听到同学们真诚地说“辩学让我迷恋上了读书”“一场精博辩学让我们学会了团队合作”“我真的感到文学院能有这样的教学形式是学生们的幸事”“感谢吴老师，她把我们带入一个不一样的文学世界”等等话语的时候，我的内心也和同学们一样，充盈着成就感与幸福感——让成功激励成功！

参考文献：

［1］别敦荣，王根顺. 高等学校教学论［M］. 北京：高等教育出版社，2008.

［2］中华人民共和国教育部高等教育司. 研究性学习和创新能力培养的研究与示范［M］. 北京：人民教育出版社，2001.

［3］张利荣. 大学研究性学习理念及其实现策略研究［M］. 青岛：中国海洋大学出版社，2012.

［4］别敦荣. 大学教学方法创新与提高高等教育质量［J］. 清华大学教育研究，2009. 4.

［5］张忠华. 论影响我国大学教学模式变革的因素及对策［J］. 河北师范大学学报，2011. 8.

［6］韩洪文，田汉族，袁东. 我国大学教学模式同质化的表征、原因与对策［J］. 教育研究，2012. 9.

我的自主学习研讨课堂
——中国现代小说流派史教学札记

吴艳华

内容摘要：针对选修课教学中所存在的相关问题，本文通过中国现代小说流派史的教学案例，探讨了对学情掌握及学习方法指导的重要性，强调了教师主导性和学生主体性地位的充分发挥，创设了“四位一体”的考核方式，从而达到实现课程目标、提高课堂质量的目的。

关键词：自主学习；选修课堂；教学札记

2016—2017学年第二学期，我开设了中国现代小说流派史选修课，共有97名学生报名选修。这么多学生，又是专业选修课，按照以往不少老师的经验，搞不好就会形成刚开始几周学生热情高涨，教室爆满，几周后就变成了给老师留点面子的“你来我走”模式，每次能有一半学生来听课就算不错了。出现这种情况的原因有许多。比如，从老师方面看，一是课程内容的空泛陈旧；再就是方法手段的单调枯燥；加之课堂管理失之严格，给学生逃课提供了机会。从学生方面看，他们有的虽然对所选课程感兴趣，但由于自身专业基础不扎实，读书思考不够充分，所以难以理解并掌握具有研究性质的课程内容；有的学生只是为了拿学分，也就不顾对所选课程是否有兴趣，最后凑上篇作业拿到学分也就作罢；还有的学生因为学院所提供的选修课种类和门数不足，只好在有限的课程中随意选择了，等等。

面对上述情况，教师既要完成教学任务，实现课程目标，又要组织好课堂，避免学生逃课、课上玩手机等，那么，采取科学有效的教学手段就显得尤为关键。

一、了解学生的专业基础非常必要

中国现代小说流派史课程的开课学期为第六学期。在这个学期，专业基础课和公共课均已学完，从理论上讲，学生到了这个阶段就应该具备了较为扎实的专业基础和基本技能，具备了一定的分析问题和解决问题的能力，也掌握了一般的学术研究方法，拿该课来说，对现代小说流派现象也基本具有了独立的学习与研究能力。但实际上，这种理论上的结论与学生现状有很大出入，包括他们的自我约束力和自主学习能力也在很大程度上令人遗憾，不得不说，这也是令不少老师头疼的一个较为普遍的问题。

二、教会学习与研究方法更重要

如果说，专业基础课较为侧重对基本知识和基本理论的教学，那么选修课除了内容之外，更应该侧重学习方法与研究方法的指导。我的课程所选用的主要参考教材是严加炎先生的《中国现代小说流派史》。这个教材虽然出版时间较早，但目前仍是许多高校和现当代文学界公认的权威教材，内容范围非常系统，涉及五四乡土小说、自我小说、革命小说、新感觉派、社会剖析派、京派、七月派、后期浪漫派共八个小说派别。在教学过程中，考虑到学生兴趣的需要，我又将东北作家群、荷花淀派和山药蛋派三个派别纳入教学。如此庞大复杂的内容，短短的34课时是很难讲完的。而作为“小说流派史”，又不能割断其“史”的线索而任意取舍。为此，我从学生的专业基础和专业能力实际出发，确立了“知识讲授与方法指导并重”的教学原则，也就是那句老掉牙的“授人以鱼不如授人以渔”，提出了“我的课堂是老师‘懒’学生‘勤’的课堂”的口号，拟定了“四位一体”的学习与考核方式，用有效的方法手段，在有限的课堂时间之内，力争最大化地实现教学目标。

三、我的课堂是老师“懒”学生“勤”的课堂

这话起初还真不是从谁那里抄来的，确实是我自己教学反思的结果。后来在网上搜索这方面的说法，果真早有此类文章，看来这也不是什么新招了，不少中小学老师早就用过该方法，被誉为“江南大儒”的明末清初著名理学

家、文学家陆世仪曾说过“善师者学逸而功倍，不善师者学劳而功半”的话，民间也有“勤妈懒孩子，懒妈勤孩子”“巧母有拙女”的俗语。总之，新招不新招，管用就是招。

（一）把课堂交还学生

我们所熟知的“以学生为主体、老师为主导”的自主学习、探究性学习等方法都可谓“把课堂交还学生”的具体实践。近年兴起的“翻转课堂”又将学习的决定权大幅度地从教师转移给学生，极大地颠覆了基于印刷术的传统课堂教学结构与教学流程。新媒体时代知识资源的更新换代极为迅速便捷，网络尤其是移动网络的普及使学生获得知识的渠道已不再是单纯的三尺讲台，教师角色、课程模式、管理模式等的教学变革已是高校老师必须面对的新课题。基于这样一种事实，我尝试把课堂还给学生。

（二）“翻转课堂”的教学实践

过去上这门课时，就传统地站在讲台上，一个流派一个流派的给学生讲解。因为课时限制，课前又没能较好地设计，所以总是拖堂，最终也不能在34学时内将这些内容全部讲完。好在是选修课，课程考核也较为灵活。实际上，从课程内容和学习效果看，将这十一个小说派别都研究一遍对本科生来讲其实是很难的，更不用说“透彻”了。而泛泛地梳理各个派别，蜻蜓点水式的了解其背景、主要内容、创作特色与流派风格，大多学生也就是记下笔记或是拍下老师的课件，老师算是完成了教学计划，学生算是听完了一门课。与其遍洒毛毛雨仍不解干旱，倒不如来一场瓢泼大雨浇透土地，我在简要讲解的前提下，让这97名学生从中挑选一两个自己最感兴趣、又有学习基础的流派做深入研究，他们自愿结成流派研习小组，每组从3人至十多人不等，我对他们提出如下要求：

第一，每组选出小组长，及时向老师汇报研习情况；

第二，每个小组建起QQ群；

第三，将课下的学习过程做好记录，如所借阅的图书、小组讨论的情况、QQ群的研讨等；

第四，每次课至少安排1课时的小组研究成果展示。

为了给学生自主学习研讨留出足够的准备时间，我先用5周左右讲完了

“绪论”、第一章“五四乡土小说流派”和第二章“自我小说流派”，从第六周开始，基本上采用小组展示、同学互动、老师点评的模式来组织课堂。小组展示形式各有招数：有的采用精博辩学形式，有的是主持人串联形式，有的是一人一个问题讲解形式。一个学期下来，97 名同学均登上了讲台，研讨了内容，锻炼了口才，也实习了讲课。在他们做的美篇里，记录了校园熄灯后回到宿舍挑灯夜战的情景，用自备电脑查阅整理作家生平事迹的过程，在图书馆发现了一本好书埋头读记没空接水的情景，为一个问题争论不休的情景，还有每个同学的现场展示情景，这一个个的镜头可谓“翻转课堂”的缩影，是课堂教学的延伸。他们说：

“之前我不知道什么是乡土小说，但是现在知道了，这就是收获。”

“从我自身而言，这样的自主教学方法让我收获颇多，既充分调动了每一位同学的积极性和创造性，也使组内凝聚力明显增强，学习效率大幅度提高，这对以后的教育教学是十分有效的。”

“让组员自己动手查资料，动脑思考研究，这样能最大限度激发讲课同学的潜力，锻炼听说读写能力，也能让听课的同学放松心态，方便交流，提高课堂效率和质量。”

任何时候都不要怀疑学生们的聪明智慧，年轻人都有我们想象不到的创造力，一旦帮助他们明确了任务目标，运用了适合的方法，把他们的激情和潜力挖掘出来，我们所做的就只有指导与监控。从课程本身来讲，选修课具有一定的研究特点，要指导学生确立“问题意识”，由小及大、由浅及深地去拓展，他们会主动地去查阅图书资料，展开小组讨论，提炼出某派小说的风格特色。从他们的发言中，你会有一种当学生的感觉，“三人行必有我师”“教学相长”这些老字眼会不时地跳到你眼前。有同学说：“教学改革是有风险的，需要实践来证明。而事实证明，这种自主学习研究的教学方法很成功，适合这个阶段的学生与教师使用推广。”

（三）老师的“懒”是表面的

因为把课堂交给了学生，老师不用讲课看似很轻闲，但实际上，老师的功夫是隐性的，备课不仅备知识、对每章内容全面掌握，更要对学生的发言有预见性，有争议的观点要能够现场点评，这对老师的学问、见识是个考验，远不如站在讲台上按部就班地讲教案来得容易。比如，在关于沈从文是否属于“浪漫派”这个问题上，同学们有了分歧。持正方观点的同学援引陈国恩1999年发表的一篇论文中那句“他自称是20世纪中国的‘最后一个浪漫派’”为证，而大多数同学则采用文学史教材的说法，认定他是“京派”小说家。有了争议，我当场让这位同学做进一步阐释，她却说只是在论文中看到这句话，并不深知其意。说实话，这篇文章我之前也没读过，根据这位同学的描述，我大概理解此文讲的是沈从文浪漫主义的文学风格，而不是从流派角度来谈其流派归属。这是两种文学批评视角，于是我就现场拓展了小说流派划分的基本原则。又如关于五四乡土小说的界定问题，不少同学认为应当把东北作家群、荷花淀派、山药蛋派、京派等归为“乡土小说”。从“乡土中国”这个大的意义范围上讲，这些应当属于中国乡土小说，但学生们却忽略了“五四”二字，“五四乡土小说”是由鲁迅提出的一个特定概念，由此又拓展了对乡土文学的讨论。由此可见，“翻转课堂”这样的方法的确是对老师专业能力与水平的实际考验，从这里讲，老师的“懒”，其含意就显得不那么轻松寻常了。

以上所思所行其实都不是什么新方法新手段了，关键是老师用心、真做、不嫌麻烦。我国的教育教学理论与实践历史悠久，从2000多年前的孔子开始，至今已涌现出许多著名的教育家，同时，国外教育的新理念新成果也不断带给我们新的影响，可以说，我们并不乏新鲜的理念与实践，关键是选择一种“适合”的方法，并坚持实践下去。

四、“四位一体”的考核方式

“分分分，学生的命根”，此话在过去可能没有争议，今天说出来似乎与素质教育有违，显得那么的落后和不合时宜。事实上，此话过时但并不过分，高考、中考、公考、招聘、文艺体育比赛等任何性质、任何形式的选拔，总要有一个衡量标准的，这个标准用“分”来核算是最公平最能被接受的。并不是所有的人都是“不待扬鞭自奋蹄”，相反，倒是有不少人要在“鞭策”之下才会去完成一项任务。学生一旦被告知，某一项要求不合格将拿不到“分”时，他们将会按照规定设法去努力实现。

中国现代小说流派史课程采用四种考核方式：第一，期中作业写一篇不少于1500字的小论文；第二，期末作业写一篇3000字以上的论文；第三，小组研讨展示活动；第四，每个小组制作一个美篇，将学习过程、登台展示以及简要的学习体会等做一记录。

这四项考核缺一不可，强调的是“学习过程与学习成果”的管理与监督，而对每一项老师都有相应的指导，比如登台展示的观点内容原则上要求事先与老师研讨；值得一提的是期末的论文，要求学生先自报题目，然后我就一个题目一个题目地帮助每个人斟酌。参照撰写毕业论文“一人一题”的原则，97名学生要确定97个难易适度的题目，工作量确实很大。我利用课下时间、晚自习时间，把每组同学集合到教研室，跟他们一起研讨，每定下一个题目，大家都非常开心，感觉特有成就感。当然，不少时候也会累得头昏脑涨。

在“分”的作用下，在老师的鼓励与指导下，学生的积极性、主动性被调动起来，其效果也是明显的。比如学生普遍认为这样的课堂很丰富很灵活，大家课下真有事做；又如从小组课堂研讨展示看，内容虽有些浅显，但那毕竟是他们真实的成果呈现；再如他们所提交的作业也不免抄袭痕迹，但也毕竟综合了自己的思考；他们认为最有收获的，是我指导他们每个人研讨确定论文题目的过程，让他们具有了“问题意识”，也学习了研究方法，为下个学期撰写毕业论文提供了必要的基础。可见，教会方法比教会知识更为重要。

总之，这样的课堂教学突出了学习过程管理，突出了学生主动学习，突出了选修课的研究性质，突出了考核形式的灵活性；同时，也有许多需要改进的地方。

首先，教师在课程内容设计上，应提纲挈领，精确凝练，将重点难点和学科前沿给学生讲得更明确一些；其次，学生的学习态度要更加刻苦认真，改正作业大段抄袭、论文题目偏大而内容又过于简单浅显、演讲不脱稿等问题；再次，对学生学习的监控上还要拿出更多的时间、精力，课下要多检查多跟踪多指导。

回归历史，观照当下

——浅谈鲁迅作品教学的切入点

肖菊蘋

内容摘要：鲁迅的启蒙立场、批判意识、高度的现实主义精神在任何时代都是需要大力弘扬的。在鲁迅距离当代大众越来越远的时代，本文试图从两个角度提供解读鲁迅作品的切入点：一是回归历史现场，了解作家的语境与姿态，以杂文与小说为例，还原历史语境，以求读懂读全读真；二是回到当下，重铸批判理性，认识鲁迅经典在今天的意义和价值。

关键词：鲁迅；“五四”语境；批判理性

众所周知，鲁迅的作品难解。唯其难解，才更具探本究源的审美意趣。艺术之美有的明朗豁然；有的则神秘蕴藉，需要“审”和“品”。苏雪林在《〈阿Q正传〉及鲁迅的创作艺术》中说：“鲁迅从不肯将自己所要说的话，明明白白地说出来，只教你自己去想，想不透就怪你们自己太浅薄，他不负责。”这正是鲁迅文字的魅力所在，而读者一旦拨云见日捕捉到其思想、艺术的真髓，就会洞见其伟大及其之所以伟大，并生发由衷的敬意。

在鲁迅距离当代大众越来越远的时代，本文试图从下列角度提供解读鲁迅作品的切入点，以帮助读者走近鲁迅。

一、回归历史现场，了解作家的语境与姿态

（一）杂文的解读

年代越久远，事实真相越模糊难辨。尤其是鲁迅，论敌众多，论战背景复杂，如果对其人其事不明就里，就容易觉得其文晦涩刻薄，其人有欠温厚

从容。其实只要看看论战双方的文字往来，厘清来龙去脉，就不会产生诸如此类的误读了。1925 年前后，语丝派与现代评论派有过一场笔战，作为语丝主将的鲁迅写了一系列杂文参与论战。我们试举一例，当时，现代评论派陈西滢著文称，他听朋友张歆海先生说，一个车夫被喝醉了的美国兵白坐车还打了一顿，甚至连中国的警察也被打翻在泥里爬不起来，于是一群中国人跟在美国兵的后面喊着“打！打!”，然而并没有真打。陈文最后写道：

美国兵走到了东交民巷的一个口上了，他们回返身来，笑着嚷道：“来呀！来呀!”说了奇怪，这喊打的百余人不到两分钟便居然没有影踪了！

打！打！宣战！宣战！这样的中国人，呸！

——《参战》（《西滢闲话》）

读者如果不知陈西滢这篇“闲话”在先，便不能体会鲁迅《并非闲话（二）》之痛快绝妙，文中写道：

这样的中国人真应该受“呸!”他们为什么不打的呢，虽然打了也许又有人来说是“拳匪”。但人们那里顾忌得许多，终于不打，“怯”是无疑的。他们所有的不是拳头么？

但不知道他们可曾等候美国兵走进了东交民巷之后，远远地吐了唾沫？《现代评论》上没有记载，或者虽然“怯”，还不至于“卑劣”到那样罢。

然而美国兵终于走进东交民巷口了，毫无损伤，还笑嚷着“来呀来呀”哩！你们还不怕么？你们还敢说“打！打！宣战！宣战!”么？这百余人，就证明着中国人该被打而不作声！

“这样的中国人，呸！呸!!!”

——《并非闲话（二）》

陈西滢愤慨于中国人的怯而“呸”，鲁迅则对于陈这种远远吐唾沫的卑劣更感愤怒，那些赤手空拳的中国人虽宣而未战，尚且表达了对美国兵无耻行径的愤慨，陈若在当场，难道会冲上去和美国兵交手吗？恐怕连“打”也不会喊，当然，陈未在当场无法验证，但他的消息源——他的朋友张歆海不也只是充当了一个事件的目击者吗？他自己未见有勇，却在报刊上对那些跟在美国兵后面喊打的中国人大加唾骂，岂不是“怯”且“卑劣”吗？对这样的中国人，鲁迅更为鄙夷，但他只是巧妙地把陈的原话移植过来，多加一口唾沫，就有力地反敬过去了。这种四两拨千斤的功夫，恐怕只有鲁迅能如此轻巧地运用自如，所以要读懂鲁迅杂文，不但要了解鲁迅，还要了解鲁迅的对手，“知己知彼”，方能充分领略双方招式的高下，感受鲁迅文字的热辣淋漓与厚重深刻，以及文字后面的心情与思考。

（二）小说的解读

与杂文相比，小说是对生活场景的虚拟与艺术再现，与现实的关系更婉转，更具艺术概括性，如果杂文是短兵相接的白刃战，那么小说就是千里之外的运筹帷幄，读者要看清全局，需要更高的站位。

以《呐喊》《彷徨》两部小说集为例，创作时间在1918—1925年间，属于“五四”语境，读者只有对“五四”语境有充分认知，才能明白鲁迅小说的创作意图、思想及艺术价值。而“五四”的时代特征是：在追切的社会功利需求下进行全方位的思想启蒙以谋求中国的现代化特别是人的现代化，探寻中国落后挨打的原因，重估传统文化价值，建立以民主、科学为核心的新道德，树立人的自觉。与破旧立新的时代大潮相呼应，鲁迅给自己的定位就是秉承知识分子的启蒙立场，向顽固的封建文化营垒开战，“批判”成为他与现实的主要联结点。我们看看当年茅盾对鲁迅的解读：“老中国的毒疮太多了，他忍不住拿着刀一遍一遍地不懂世故地尽自刺。”“他的胸中燃着少年之火，精神上，他是一个‘老孩子’！”（茅盾《鲁迅论》）看似冷峻的鲁迅，虽用笔如刀，心里却怀着对民族、对世人的大关怀、大热爱，无怪乎林语堂评价周氏兄弟是“知堂太冷”“鲁迅太热”。

了解了鲁迅的启蒙立场与批判姿态，再来解读鲁迅那一时期的小说创作。他一方面以众多现实题材的人物故事来深入剖析国民的灵魂，比如《阿Q正传》《故乡》《孔乙己》《在酒楼上》《伤逝》《祝福》《明天》等篇对农民和知识分子精神特质的揭示，无情地批判封建专制与专制的灵魂——礼教，一方面以白话的形式对抗封建文化的载体——文言，成为用现代白话小说体式进行创作的第一人。

这样再去理解“五四”当时的文白之争就不难明白，那不是一场单纯的语言形式之争，而是一场寻求平等和权利的战斗，文言是特权的象征又是特权的载体，是语言的专制更是思想的专制。在这个意义上理解“五四”新文化运动，理解文学革命，理解鲁迅小说的站位与意图，就会变得容易而且透彻。

所以要读懂鲁迅，首先要回到历史现场，这样才能从容欣赏他对封建政治、文化体系庖丁解牛式的批判。

二、回到当下，重铸批判理性

解读鲁迅，一是要拨开历史迷雾，还原历史语境，以求读懂读全读真；二是要回到当下，观照鲁迅对现实的意义和价值，这才是我们解读鲁迅的目的。

一个伟大的作家，他的作品必定具有超越时代的价值和永恒魅力。我们这个时代倡导和谐，那么还需不需要鲁迅呢？“老中国的毒疮”是不是已经剔除干净了？新的疽痈要不要剔除？

在现实中，我们常能看到鲁迅作品的影子，比如鲁迅在《示众》《药》等一系列小说中就已批判的“围观”的国民劣根性，现在不但没有消除，反而变本加厉，围观者变得更加冷漠与残忍。再如，有人将现代人道德失范归咎于“五四”造成的传统文化断裂，继而否定“五四”，呼唤国粹的回归，但在笔者看来现代人的道德滑坡不仅不是“五四”过度否定传统文化造成的偏颇，恰是“五四”精神没有得到彻底贯彻的结果，是知识分子批判理性的集体丧失。君不见，现在文坛、影视充斥着帝王后宫、仙剑奇侠、神魔鬼怪，真正有深度的反映现实、关注民生的作品却少之又少，这更是“五四”现实主义精神的失落。

这些亦应成为我们解读鲁迅作品的切入点，以达到历史与当下，文学与现实互参的效果。当年李长之在《鲁迅批判》（1936）中说：“鲁迅文艺创作之初，意义是大而且多的。从此白话文的表现能力，得到一种信赖；从此反封建的奋战，得到一种号召，才子佳人、黑幕大观、仙侠鬼怪的内容是结束了，那种写实的，以代表了近来农村崩溃、都市中生活之苦的写照，是有了端倪了。”如此看来，解读鲁迅的经典在今天仍然意义重大，鲁迅的启蒙立场、批判意识、高度的现实主义精神在任何时代都是需要大力弘扬的，今天的我们仍然需要走近鲁迅，继承鲁迅。

窥斑见豹，鲁迅教学如此，整个现代文学的教学也应如此，既要最大限度还原历史语境，走进作家的精神世界和他们的作品，又要能够走出来，让他们的艺术成果和人格精神对当今社会产生积极的影响和作用。

参考文献：

［1］陈漱渝．一个都不宽恕：鲁迅和他的论敌［M］．北京：中国文联出版公司，1996．

［2］鲁迅．鲁迅全集（第三卷）［M］．北京：人民文学出版社，2005．

［3］李长之．鲁迅批判［M］．北京：北京出版社，2003．

激发学生阅读兴趣的课堂实训五部曲

——中国现代文学课堂教学实践

张凤燕

内容摘要：当前学生少读或不读文学作品的问题越来越突出，已经严重地影响了现代文学课堂教学工作的顺利进行。为激发学生阅读的积极性和主动性，在课堂教学实践中，总结出包括撰写读书报告、巧妙设计问题、开展多样教学活动、改革考核方式、做好调查问卷在内的课堂实训五部曲，达到了让学生多读、细读文本的目的。

关键词：阅读；中国现代文学；课堂；实训

课堂是什么？高等教育对于这个似乎很“低级”的常识性问题，一向不屑于研究。但学生的学习正是由无数个课堂组合而成，在课堂之中，学生收获的不仅是知识，更是生命的成长。因此，每一位教师都应该尊重生命，敬畏课堂。从学习的本质上说，课堂即生态。所谓生态，意指教师必须思考如何通过创设营造学习的条件和可能性，让学生学习的生命状态自主生发。

当前，学生少读或不读文学作品的问题越来越突出，已经严重地影响了教学工作的顺利进行。为激发学生阅读的积极性和主动性，我在课堂上与学生共同研究，制订了一套他们乐于与教师合作、真正参与到教学过程中来的方案，即课堂实训五部曲。

一、撰写读书报告，有效提高教学时效

现代文学专章涉及的文学大家有鲁迅、郭沫若、茅盾、老舍、巴金、曹禺、沈从文等，依据教学大纲每一位作家都要分析他们的代表作品，如鲁迅

的《狂人日记》《阿Q正传》，郭沫若的《女神》，曹禺的《雷雨》，沈从文的《边城》，特别是茅盾的《子夜》、老舍的《骆驼祥子》、巴金的《家》都是长篇巨著。要在有限的4到6个课时内既介绍作家生平与创作，又分析作品，时间比较紧迫。

为解决这一问题，我在备课过程中，充分利用课前预习这一教学环节，通过读书报告法，让学生通过自学，掌握关于作家生平与创作的这部分内容。如鲁迅专章在教材中一般都是放在第二章，我会在讲绪论课时就给学生提前布置作业，要求学生在两周时间内通过阅读鲁迅的相关资料，结合教材，以时间或空间为线索，做一份关于鲁迅人生道路转折变迁的读书报告，并提供参考书目，然后通过提交书面作业、课堂提问及互动交流的形式检查读书报告完成情况。在分析鲁迅精神及其具体作品时，我会有机地结合作家本人的生平思想加以阐发，让学生切实感受到阅读作家传记对深入了解作家作品的重要作用。

关于鲁、郭、茅、巴、老、曹、沈这几大家的生平与创作的教学内容，我都是通过训练学生课下写读书报告这种自学的方式完成的。这种方法，不仅使课堂教学内容更加紧凑，重点、难点突出，而且通过让学生阅读完整的作家传记，可以让他们更全面理性地去看待评价作家，有效地避免了教师在有限的时间内对作家生平介绍的以偏概全。事实上，在我们的教学中，存在着个别教师为吸引学生，活跃课堂气氛，只对作家婚姻恋爱等情感生活大讲特讲，造成学生对作家认识不清甚至误解的现象。

二、巧妙设计问题，细读文本寻找答案

要激发学生细读文本的主动性、积极性，一个有效的方法是让他们带着问题去阅读，去思考，最好还能成为福尔摩斯，这就需要教师巧妙设计能吸引学生进入文本的问题。

我在教学过程中，往往能抛开一些惯常的问题，另辟蹊径，从文本的细节处出发，巧妙设计能吸引学生进入文本细读的问题。如《狂人日记》作为现代文学创作的奠基之作，因为鲁迅先生“表现的深切，格式的特别”，对大一学生而言理解起来有相当的难度。作为现代文学课首篇精讲的篇目，它也

非常考验教师驾驭文本、掌控学生认知的水平与能力。

经典的作品要通过反复阅读，才能得其真味。教师讲好、学生学好都建立在反复阅读的基础上。以往这篇文章经常提出的思考问题是“狂人是真疯还是假疯”，这个问题对学生把握这篇小说的主题很有帮助，但并不能带动学生进行文本的细读。细读的要求是逐字逐句地读，尤其对鲁迅这种语言凝练、惯用象征手法的作家来说，细读更显必要。我设计的问题是让学生“‘笑’看《狂人日记》”，具体的阅读要求是统计这篇小说一共写到了多少个“笑”字，都是什么人怎样地笑，这些笑有什么区别又有什么联系。阅读思考的问题会在课堂教学过程中通过提问、讨论的方式进行随机检查，教师在学生思考的基础上，围绕“笑”进一步设问，把问题层层推进，对小说的分析不断深化提升，使学生有拨开云雾、豁然开朗的感受。

孙绍振先生曾经介绍过一种进入文本分析的方法，叫作还原比较法，即还原文本艺术加工之前的原生状态，然后再和加工过的状态进行比较，这样问题自然而然也就产生了。这种方法在文本细读中非常便于问题的提出。

例如在分析闻一多的代表诗作《死水》时，我就引导学生利用还原法，在不断提问中深入到文本的艺术世界当中。从诗歌的第一句“这是一沟绝望的死水”开始，利用还原比较法提出第一个问题：死水会绝望吗？我们说绝望是指人的一种情绪、情感，而水是没有情感的。这里现实生活和艺术表现之间的矛盾就出现了。如果绝望的不是死水，而是看死水的人，这句诗应该改成“这是一沟令人绝望的死水”才更准确，但这样一改，不仅破坏了整首诗形式的美，而且违背了诗人要隐藏作为看的主体的人，有意突显“死水”这一被看客体的创作企图。

第二个问题随之出现：诗人为什么要突显“死水”这一客体呢？现代文学作品中，还有一篇写臭水沟的名作，是老舍的话剧《龙须沟》。一条臭水沟使附近居住的底层人民苦不堪言，在旧社会大家只能在这臭水沟边讨生活，毫无尊严地活着；只有到了新社会，新的政府根治了臭水沟，旧貌变新颜，百姓才过上了舒心的日子。龙须沟的前后变化象征了时代的变迁和新旧社会的变化。稍微有点文学常识，我们就很容易想到，“死水”也是有象征意义的。通过知人论世，把这首诗放到它所在的时代背景中，从鲁迅的“绝无窗户而万难破毁的铁屋子”到郭沫若诗篇中的“丹穴山”，诗人为民族、为祖国深沉的忧患，迅速凝聚在一个震人心弦的意象里——“一沟绝望的死水”，诗人所以突显“死水”这一客体，就是要在整体上注重于对意象本身呈现作用的关注。

就在这样一个又一个问题的追问中，由浅入深地完成了这首诗从形式到意蕴的把握。

三、结合文体特征，开展多样教学活动

现代文学教学大纲中，小说这一文体在课时安排和教学内容上占有较大的比重。相比较而言，诗歌和戏剧次之，而散文所占课时少之又少。即使是诗歌和戏剧，也是同学们在初高中已经耳熟能详的作家作品，如徐志摩的《再别康桥》、闻一多的《死水》、戴望舒的《雨巷》、曹禺的《雷雨》等。

为了让学生了解更多的诗歌、散文、戏剧作家作品，扩大阅读范围，对诗歌和戏剧的发展史有更直观的认识，我结合文体特征，在课堂上引入活动法，通过开展诸如“新诗文的华彩诵读会”等主题活动，把课堂真正变成学生自我展示的舞台。诵读会的内容通过教师推荐和学生自选两个途径，让学生广泛地去接触作品，选择自己感兴趣的篇目，通过配乐诗文朗诵、经典台词对白、经典话剧片段表演等形式来完成。

引入活动法，给学生一个舞台，满足他们自我表现的需求，可以极大地激励学生去查阅文集，选择适合自己诵读的素材，有些学生甚至多次主动找老师进行辅导，推敲字句，理解内涵，以达到最佳演绎效果。通过这样的活动，学生们从对一首诗的了解扩展到对包括闻一多、徐志摩、戴望舒、艾青、冰心、卞之琳、臧克家等诗人的诗歌选集、全集的接触，选择诵读的诗歌篇目大大超出了文学作品选的范围。

此外，在诵读会上，我还根据《华威先生》和《在其香居茶馆里》这两篇小说的艺术特征，鼓励学生进行戏剧改编，并组织创作表演团队，有编剧、导演、演员等分工。这样，每一个团队都由十几名学生组成，通过对文本的研读、讨论，共同完成对文本再创作以及表演。

除诵读会外，组织的活动还有“走近现代文学经典”主题演讲比赛。这

个活动的主要目的是对一个学年以来的教学效果进行检验。教师的教学效果最终不仅仅靠学生考试成绩来反映，对于文学课教学而言，教师讲解、学生撰写读书报告、诗文诵读这些促进文本细读的方式，最终的目的都是为了触及学生的灵魂，碰撞他们的心灵，使他们有感受、有体悟，从而让他们的人生更富有光辉。而演讲比赛这种活动形式可以很直观地达到检验教学目的是否实现的效果。

演讲一般要求学生在内容上选择一位给自己留下最深刻印象的现代文学作家或某部文学作品，写一篇跟自己阅读体验相关的演讲稿。演讲稿要求原创，必须写出自己的真情实感。演讲稿要求学生们都要写，这检验了学生写作的能力；筛选出优秀稿件，让乐于演讲的学生通过声情并茂的演讲，与大家一起分享同学们在阅读中的收获，这锻炼了学生的倾听和表达能力。所以，学年末的演讲比赛从准备到结束，既是对教师教学成果的展示，又是对学生综合能力的全面考察。

四、改革考核方式，激励学生参与热情

这几年，我们对学生的课业成绩的评定一直采用平时作业占30%，期末考试占70%的考核方式。有的老师反映平时作业占30%太多了，因为大部分老师一个学期就留一次作业，让学生任选一部作品，写一篇1500字左右的读后感或小论文，这样的作业，不认真的学生很好应付，认真的学生也发挥不出水平，流于形式。其实教师应该很好地利用这充满机动性的30%，通过各种方式来调动学生学习的积极性。

教学改革是个系统工程，应该环环相扣。读书报告法、设问法、活动法等都是为了让学生多读、细读作品。如果这些方式方法和平时的考核挂钩，一定会激发学生参与的热情，所以我大胆地改革了考核方式。在学期初，就把本学期的几项作业包括读书报告、诗文朗诵会、小说改编戏剧、演讲比赛等布置下去，让学生在一个学期内根据自己的兴趣选择完成，多选多得分，对表现特别突出的学生，甚至可以突破30%的限制，这样既有规定又有自由，还有适当的奖励，比较符合学生的接受心理。

五、做好问卷调查，教学相长助力教改

这些教改思路和方法在教学实践中不断落实，预期的效果也不断显现，表现为课堂气氛活跃，学生听课质量高，各项活动完成情况较好。但作为教师不应该满足于这些外在的表现，还应该真诚地征求学生对教师的评价、意见及建议。俗话说，铁打的营盘流水的兵，这一届学生以后不教了，但学生们的意见和建议会帮助教师做好教学反思，进一步提高教学质量，教学相长才会更好地助力教改。

我在每个学期末会做一份调查问卷，涉及三个问题：第一，一年的现代文学课，你收获了什么；第二，你最欣赏老师的是什么；第三，你认为老师哪些地方可以做得更好。从反馈回来的信息中，我发现学生们谈得最多的收获就是一年的现代文学课，让他们了解了很多的名家，阅读了很多名作，丰富了文学知识，提高了文学审美能力；还有部分学生更进一步，他们认为自己通过大量的阅读分析，更好地把握了作家的精神品格，更深刻地理解了作品内涵，更加懂得了文学的博大精深。学生们最欣赏的就是老师能够带着他们一起走进文本的世界，探寻文本的奥妙；最渴望的是老师能传授给他们更多进入文本的方式方法。

总之，我在现代文学课堂教学中通过撰写读书报告、巧妙设计问题、开展多样教学活动、改革考核方式、做好调查问卷这五部曲的实训，达到了让学生多读、细读文本的目的。在这个过程中，学生手动、心动、神动，在充满动感的课堂之中，他们对文学的热爱从生命的根底处萌动起来，审美的感知蓬勃起来，艺术的灵性充盈起来。

参考文献：

［1］覃缨. 从文学教育的功能与特点看文学课教学改革［J］. 文学教育，2014. 6.

［2］张凤燕. 中国现代文学教学改革实训方法初探［J］. 文学教育，2014. 2.

［3］杨军. 汉语言文学专业文学课探究式教学研究——以“中国现当代文学”教学为例［J］. 商洛学院学报，2014. 3.

现当代文学课堂中政治话题的表达

——以《子夜》为例

王　莹

内容摘要：现当代文学课堂中存在一些政治话题，给教师的表达带来困扰。《子夜》中就存在比较明显的政治话题。在《子夜》讲授过程中，对政治话题的处理要秉持不能回避政治话题和正确认识政治话题的态度。并且要采用恰当的方式去传递正能量，那就是正视特定历史时期的文本价值、认识特定时期的立体形象和给予文化正确的引导等。

关键词：《子夜》；政治话题；表达

在现当代文学的课堂中，存在着这样一批文学作品，它们由于涉及一些政治话题，因此难以把握、讲授和定位。习近平总书记说："文艺是铸造灵魂的工程，文艺工作者是灵魂的工程师。"我们的德育教育，对学生人生观、价值观的形成是非常重要的。在现当代文学的课堂上，教师既要充分调动学生学习的积极性，又要明白自己承担的社会责任，以传递正能量为授课的最终德育目的，把握好授课的尺度，正确处理政治话题。

一、课堂中存在的政治话题及《子夜》中的讲授困扰

（一）课堂中存在的政治话题

我们的现当代文学课堂中存在许多政治话题，诸如左翼文学、京派文学、海派文学、解放区文学、"十七年"文学、"文革"时期文学等。左翼文学在中国现代文学中，是意识形态比较强烈的一支。左翼文学在文学创作各个领域都取得了辉煌的成绩，以鲁迅作品为代表的杂文，以茅盾、蒋光慈作品为

代表的小说，以蒋光慈、殷夫作品为代表的诗歌，以田汉、夏衍作品为代表的戏剧等都取得了重大的成就。其中代表性的作品如《子夜》《少年漂泊者》《短裤党》《莎菲女士的日记》《新梦》等，在现代文学史上占有重要地位，所以它包含的一些政治话题也成了我们教学过程中绕不开的话题。比如，由于左翼文学在现代文学史上的特殊位置，往往成为现代文学史评价的焦点。对于左翼文学分歧比较大的有两种意见：一种意见是，鉴于其在文学史上的重要地位，要有意将其拔高，这种做法违背了文学评价的客观性；第二种意见，近些年来出现了左翼文学被贬低或“妖魔化”的倾向，所以一部分教师对左翼文学嗤之以鼻。那么究竟应该怎样评价左翼文学，有没有一个相对统一的标准去评价等等问题就成为一个难以把握的难题。而解放区文学、“十七年”文学和“文革”时期的文学作品也面临同样的困境。由于中国现当代文学的特殊性，很多作品创作都受到政治的强烈干预。关于作品的主题、思想、人物、艺术特色等的解读，都成为一种意识形态的图解，因此我们的课堂讲授进入了一个瓶颈。如何处理这类问题，才能让我们的课堂既能避免政治图解观念式的枯燥与生硬，又能解释清楚这些政治话题呢？合理处理政治话题，真正让课堂丰富起来，是摆在我们面前的一个难题。

（二）《子夜》当中政治话题的讲授困扰

由于意识形态的影响，大部分现代文学课程的授课教师对《子夜》是一种模式化处理。

第一，写作背景与意图。由于1930年夏秋间发生了一场关于中国社会性质的论战，作者用小说参与时代对重大问题的思考，得出这样的认识：中国并没有走向资本主义发展的道路，中国在帝国主义的压迫下，是更加殖民地化了。

第二，分析吴荪甫形象。基本特征是似强实弱，外强中干，生不逢时。

第三，思想意义。在帝国主义统治下，中国民族工业是得不到发展的，半殖民地半封建的中国是永远不可能走上资本主义道路的。

第四，艺术成就分析。

第五，《子夜》在文学史上的地位。

结论：《子夜》是20世纪30年代中国最重要的长篇小说。

我们讲授过程中通常将写作背景归纳为简单的一句话，或者说是一种政治色彩非常强的理念，让学生对文本和授课都失去了兴趣。分析吴荪甫这个人物也非常干瘪，人物为了宣传作者某种理念而生，人物分析也自然将落脚点放到这方面，课堂很难生动起来。整个内容部分的分析都是在重复一句话，中国民族工业是得不到发展的，半殖民地半封建的中国是永远不可能走上资本主义道路的。这么做无疑会让学生非常不耐烦。在对《子夜》进行艺术分析和文学史地位的评价中，通常也是将一些已经成为模式的东西拿过来讲讲，比如五线并举的结构和 20 世纪 30 年代最重要的长篇小说。怎样突破对政治话题的思维定式，怎么做才能让这些生硬的政治话题“活”起来，怎样避免用阶级的眼光来生硬分析小说，这些都是困扰我们的问题。

二、讲授过程中要秉持的态度

（一）不能回避政治话题

首先，从作家和文本两方面来看，茅盾写《子夜》的初衷就是用他的小说来证明他自己的政治观点。在当时的中国社会，民族资产阶级是不可能承担起振兴中华的历史责任的。由文本来看，《子夜》最为人称道的就是它对当时社会阶级以及经济情况的全景式把握。如果脱离作家的创作主观意图来谈文本，讲授就会失去方向。如果单纯因为政治话题的敏感难讲而不去讲阶级社会的问题，讲解也会失去光彩和深度。所以从作家和文本两方面看，政治话题都是不能回避的。《子夜》的讲解过程中，如果回避政治话题，把它作为一个普通文本进行分析，作品就失去了它应有的厚度而流于一个商战故事。学生对社会背景的认识会很肤浅，对主题思想的认识不会有深度，思维能力也得不到锻炼。

其次，从文学史的角度来考察。事实上，在文学历史的长河中，经过时间的“筛选”，能够经久不衰的艺术作品，它的生命力都是和时代的情境密切关联着的。《子夜》的意义也正在于此，它描写的是民族资本家的历史命运，但是，这些人物形象是深深扎根于社会生活中的，是和时代、社会情境密切关联的。政治话题是《子夜》独具魅力的重要组成部分。

最后，从历史发展的角度来看，历史的前进是呈螺旋状向前发展的。我们文学史的发展也是在曲折的道路上不断前进的。政治话题是历史发展不可逾越的一部分，回避政治话题等于回避历史，对学生全面掌握知识非常不利。我们解读文学作品不能回避政治话题，文学作品的创作也需要政治话题进行支撑。

（二）要正确认识政治话题

政治话题在现当代文学的课堂上非常重要，体现在：第一，政治话题关乎学生人生观价值观的形成，我们要对学生负责，做好正确的人生引导；第二，政治话题是文本解读的重点与难点，直接影响到学生对知识的吸收，所以我们必须正确认识政治话题。教师在讲解政治话题的时候，既要让学生认识左翼文学的局限性，又要看到左翼文学的历史发展必然性。要让学生充分了解历史背景的丰富性与复杂性，不墨守成规，展开正确的批评与反批评。不但要正确认识政治话题，还要引导学生进行独立的思考，更深入地认识政治话题。比如对民主革命、新民主主义革命、资产阶级、民族资产阶级、资产阶级必然走向衰落、民族资产阶级不能独立承担起历史的重担等政治话题进行批评与反批评。学生在能够一定程度把握时代情况的基础上，从而进行独立的思考。通过对《子夜》的分析可以让学生思考以下问题：民主革命与新民主主义革命的区别是什么？民族资产阶级不能独立承担起历史的重担的原因是什么？以阶级来决定人物的走向合理吗？茅盾的《子夜》当中哪些是资产阶级，他们最后的结果如何？茅盾是如何证明其走向衰落的？这种证明可靠吗？以批判的角度吸引学生，展开丰富的批判与反批判，学生在思想的碰撞中得到成长，思维也越来越活跃。

三、如何传递正能量

（一）正视独特历史时期的文本价值

任何文学作品都应该把它放回到具体的历史语境中去解读，脱离历史语境去评价一部作品是不公允的。所以在讲授现代文学课程时一定要让学生认识到这一点。那么究竟怎样做才能让学生正视独特历史时期的文本价值呢？怎样让政治话题“活”起来从而传递正能量呢？下面以《子夜》为例进行阐释。

第一，对《子夜》及其政治创作背景的处理。

首先，介绍《子夜》创作与时代的关系。让学生了解《子夜》复杂广阔的社会历史背景，从而对时代有更深的认识。从国内社会政治、经济、阶级，以及国内外环境等角度做简单介绍。尽量让学生自己感受，不要一开始就下结论。最好让学生从激荡澎湃的国内形势以及受压迫受欺侮的现状中，升腾起浓厚的爱国之情。

其次，讲述茅盾为了创作《子夜》付出的努力。简单介绍茅盾创作《子夜》时的身体情况、他为了收集材料所做出的努力，以及材料的丰富程度；强调《子夜》不是遵命文学，而是一个无产阶级文学家的社会责任感和对社会人生的虔诚态度铸就的文学；引发学生对茅盾的崇敬，从而能够正视文本。

最后，提问《子夜》创作是否达到了创作目的。启发学生通过自己的感受去体会《子夜》是否完整地传达了作者创作的初衷。通过提出问题，让学生以批判的眼光来看待文本，引起学生的学习兴趣。

第二，具体分析《子夜》的艺术创新。

用具体实例印证《子夜》在长篇小说方面取得的杰出成就。

首先，颇具匠心的结构。追求宏大而严谨的布局，形成人物众多、情节复杂、线索纷繁交错而又严密完整的结构方式。梳理这种结构是如何形成的，又是如何布局的。具体梳理小说的五线并举结构，梳理各色人物的阶级划分、具体表现。茅盾试图通过小说全景表现当时社会政治经济情况，通过具体的实例来表现一个无产阶级文学家驾驭生活的能力。

其次，《子夜》具有绚丽多姿的艺术风采。通过《子夜》中大场景的渲染、细节的雕琢、景物描写、心理描写、象征艺术、讽刺艺术等方面表现茅盾出色的写作水平。

最后，《子夜》的不足之处。

讨论：司马长风评价《子夜》“在若干情节上，忠于自然主义的客观描写，不理会是否有伤工人阶级的尊严，这是本书可取的表现之一，但这并不能抵消政治骑在文学头上所造成的致命伤”“出场人物多而杂乱，刻画潦草，完全没有贴切的安排，这是《子夜》的另一大毛病”。你是怎么看待这个问题的？

通过讨论，展开丰富的批评与反批评：

1. 茅盾结构小说的能力是非常强的，《子夜》充分体现了他的艺术才能；

2. 尽管《子夜》包含事件、人物之大之广，但是它对社会和人物道德面的探索却很狭隘（夏志清）；

3. 自然主义的漫画手法和夸张叙事。

教师引导学生，最后落脚点放在：茅盾确未曾粗制滥造，他每一字每一句都用了千钧之力，可是由于才力太弱，社会要求太重，致文学往往被压扁、压死，《子夜》是最好的证明，这是无可奈何的事情。

（二）认识特定时期的立体形象

我们在人物分析过程中，通常用阶级分析代替具体的文本分析，让人物失去了自身独特的魅力。为了避免用阶级的眼光分析人物，把人物放在更广阔的背景之上，分析人物在特定历史时期的立体形象。

第一，确定时代背景，通过吴荪甫与不同类型人物的关系，分析主人公形象的丰富性。如由其对工人、农民、家人、中小资本家、买办资本家、大资本家的不同态度，让学生们体会人物形象的丰富性与复杂性。

第二，分析吴荪甫失败的原因：

1. 偶然因素：姐夫杜竹斋的投敌；

2. 必然因素：中国的政治经济制度以及自身经济实力；

3. 个人性格缺陷：外强中干，容易被击倒。

讨论：吴荪甫是一个民族资产阶级的英雄吗？通过批判吴荪甫形象，引导学生认识吴荪甫失败的原因，把吴荪甫形象放回到一个历史人物形象的本来面目。最后落脚点放在吴荪甫的悲剧是多方面作用的结果。通过分析他与不同阶级类型人物的态度得出性格两面性：强悍与虚弱。这个人物个性鲜明、丰满真实，其悲剧命运是历史的必然。

（三）给予文化的正确引导

第一，将《子夜》放回无产阶级文学传统中。

无产阶级文学家以反映人民生活的疾苦，承担一定的社会责任为使命。《子夜》正是体现了无产阶级的文学传统。茅盾试图通过作品解决现实社会中存在的问题，体现了作品的社会意义和价值，同时也显示了茅盾对马克思主义、对无产阶级事业的赤诚。要充分肯定《子夜》在无产阶级文学中取得的成就。但是，在具体的文本分析过程中，要避免生硬采取马克思主义阶级分析的方法，尽量展示作品广阔的社会背景、立体化的人物形象和独特的艺术魅力，让学生自己去感受，将《子夜》中的政治话题进行软处理。

第二，用社会主义核心价值观来武装课堂。

现在高校课堂中的学生，绝大部分是90后，他们最讨厌的就是教化，最不喜欢的课程就是政治，要想让学生去听教师滔滔不绝的教导几乎是不可能的。他们崇尚自由，标榜个性，不喜欢固定不变的生活。这就使得90后学生与政治话题天生有一种距离。但是我们还要看到，90后的孩子虽然叛逆，并不是无知，他们对真正有文化的人相当崇敬；虽然个性十足，但仍然有基本正确的是非观。因此，教师在进行《子夜》教学时，要充分利用学生的这些特点，进行批评与反批评，以此吸引学生。在批评与反批评过程中，引导学生去接受社会主义核心价值观。《子夜》中社会环境的混乱，人物命运的悲剧，资产阶级的阴险狡诈、空虚堕落，封建阶级的走向没落，都有待于一个和平、民主、文明的新中国来解决。教师要选择合适时机，引导学生对社会主义核心价值观的认同，站好讲台这个岗位。

对于一名现当代文学教师来说，政治话题不能回避，并且要指导学生正确认识。我们要丰富文本，通过批评与反批评，合理处理政治话题。教师要引导学生正视文本价值、认识立体形象，并且要给予文化的引导，最终达到传递正能量的目的。

参考文献：

[1] 江腊生. 论《子夜》的三个话语世界 [J]. 中国现代文学研究丛刊，2011. 4.

[2] 曹万生. 茅盾的市民研究与《子夜》的思想资源 [J]. 西南民族大学学报，2010. 4.

[3] 范静. 新时期现实主义文学的发展嬗变 [J]. 作家，2014. 7.

"诸子散文"的模块式教学设计

孙云英

内容摘要：利用模块式教学，可以有效解决古代文学课时紧张问题。主要优势是：抓基础的同时重视能力培养；提高学生参与教学活动的积极性；教学同步性高，反馈及时；师生能够进行有效交流，也利于及时了解学生的学习情况，为修正以后的教学设计提供参考；单位时间的教学内容有所增加，教学效率提高。

关键词：模块教学；诸子散文；教学设计

模块理论始于心理学研究成果。在1983年，美国拉特格斯大学和纽约市立大学哲学教授J.A.福多出版了《心理模块性》一书，从理论计算机科学和人工智能研究的角度，提出了智能的模块性。此后，西方心理学界对心理模块性的探索一直兴盛不衰，认为它是对"认知加工是怎样被组织起来的"认识理论具有革命性的理论建构，福多也被称为"彻底的认知科学家"。之后，20世纪90年代，A.卡米洛夫-史密斯出版了《超越模块性认知科学的发展观》一书，对福多理论有了进一步发展。其中分析的"表征重述RR（representational redescription）"对我们的教学更具有指导意义。现在，它已经发展成为与"模拟论""理论论"并列的"模块论"，成为最具竞争力的认知三大理论之一。

模块理论应用于教育中也取得了明显效果。模块理论在教育教学领域运用的基本含义是：将一门学科中或各门学科中具有同类功能的知识点或能力项组合成知识模块或能力模块，使其整体功能大于部分之和。因为效果明显，从中学到大学，从基础学科到技能培养，从工厂到部队，都有这种理论运用的实践。有关学术期刊论文很多，各位可以参考，这里不一一列举。

我们现在的教改方向是适应新形势，培养服务地方发展的“应用型人才”。而模块理论的表征重述 RR，正适合我们增强教学效果、提升学生能力的要求，使有限的课堂能够发挥更大的作用。为此，我把古代文学史的“诸子散文”部分改成模块式教学，教学设计如下。

一、模块构成

本章内容由四个模块组成。

（一）模块一：基础知识部分（1 课时）

本模块主要有三个相关问题：

1. 作者生平经历。以教材内容为主，适当扩展。

2. 作品的思想内容。介绍重点篇目所论述的主要问题。综合介绍《论语》《孟子》《庄子》《荀子》《韩非子》的主要内容。

3. 诸子思想的异同（包括继承与发展）。要求分不同思想流派即儒、墨、道、法来介绍。把教材内容加以有条理的概括，比较孔子、孟子、荀子思想的主要差别，老子与庄子思想的异同，再简要说明儒、墨、道、法思想的主要区别。

（二）模块二：知识主体部分（3 课时）

本模块涉及四个问题：

1. 诸子散文的文体问题。重点是语录体的特点，对话体论辩文中《孟子》与《庄子》在形式结构方面的区别，《荀子》和《韩非子》作为成熟的论说文在形式上的标志。

2. 诸子散文的表达手段问题。一般性了解的是字词、修辞、句式问题和各种常见表现方法。重点是寓言的运用，比喻、类比的异同，言简意赅的警策语句。

3. 诸子散文的语言风格问题。先从阅读中培养语感，再从表达方面概括其形成不同语言风格的因素。

4. 诸子散文对后世的影响问题。可以从以上任意一点去谈，只要立论有据、言之有物即可，适当考虑严谨和全面。

（三）模块三：总结提升部分（3 课时）

本模块有三个问题：

1. 诸子散文有无阶段性发展?

2. 诸子散文的主要成就有哪些？产生了怎样的影响?

3. 学习诸子散文在今天有什么现实意义?

（四）模块四：学生活动部分（1 课时）

课下以小组为单位，在讨论的基础上，完成一个围绕诸子内容的辩论赛的策划书。要求有题目、题目说明、正反方的主要理由或优势、组织、要求、赛段过程、主持词等。用 1 课时在班上交流。

二、教学形式、方法说明

这四个模块内容不同，要求不同，目的不同，各模块使用的方法和教学形式自然不同。

模块一属于基础知识，以课前预习为主，先熟悉整理教材内容，保证完整。思想内容部分不求深刻，重在梳理各家思想的传承发展及异同。在教材基础上有所扩展，使作品的思想内容和诸子思想的异同相辅相成，进而和作者的生平经历结合，知人论世，没有偏废，为后面的模块学习打下坚实基础。整理的笔记包括教材内容、阅读其他材料的要点摘抄、提出的问题及自己的结论。上课时以“诸子思想的异同（包括继承与发展）”为核心展开讨论。讨论的目的是开阔思路、相互借鉴，求同存异即可，不强求一致性结论。

模块二是学习的重点。根据模块教学理论，设计的问题已经经过整理，构成有整体性、连续性的知识链接。教学过程要逐一落实。教师要先讲清文体、表达手段、语言风格的概念，起码举出切实的例子，列出需要学习的内容纲要，然后由学生讨论完成。例如“诸子散文的表达手段问题”，教师先限定本章主要讨论的范围，有整句与散句的配合、比喻的运用、警策的语句、寓言的运用和押韵问题。然后给出主要阅读篇目，先预习，再上课，子问题还要逐一突破。例如“寓言的运用”，教师给出寓言的概念、常见寓言类型和主要作用。学生主要讨论完成寓言作为一种表达手段，在《孟子》《庄子》《韩非子》中有什么不同特点；寓言在不同作品中所起作用有何区别。这个模块的内容，对本章的学习有至关重要的作用，为预防出现讨论热烈、发言积极，观点模糊、似是而非，放得开收不拢和有形式没效果的问题，教师的主导作用不能放松，要细化指导方案，始终掌控全局。

模块三侧重总结和提升。这也是模块教学的重点。模块一和模块二中包含着知识的整理与总结，但与模块三的总结还有不同。因为模块一和模块二的整理总结是局部的，比较片面的，最后形成的知识比较零碎，也就是我们通常所说的知识点。所以，必须对模块一和模块二形成的知识点做再总结扩展，以期真正提升知识的可应用性。所以模块三设计的问题，“诸子散文有无阶段性发展?”可以综合提升学生关于诸子思想变化及文体变化的理解；“诸子散文的主要成就有哪些？产生了怎样的影响?”是针对模块二的总结，这部分涉及的知识点很多，要求学生分出层次，理出顺序，这就不仅是把知识点做一个简单的罗列，而是进一步厘清其中的关系，形成一个有系统联系的知识；“学习诸子散文在今天有什么现实意义?”直接指向应用性，不多赘述。有需要延展的问题，处理成小论文也很好。

模块四是学生小组活动。主要锻炼学生查阅资料、整理、思考及协同交流的能力。

三、教学预期

模块教学不讲求面面俱到，更强调效率和效果。本章模块设计主要的教学目标是：

1. 材料的综合归纳能力培养，强化材料的逻辑性整理；
2. 对有关系的问题进行比较的能力，通过比较，强化知识点的把握；
3. 阅读语感的培养；
4. 活动中查阅资料及协同交流的能力。

四、讨论

（一）本设计体现的模块式教学的优势及意义

1. 抓基础的同时重视能力培养。

单元知识整合是本设计的基础，完成这一教学过程，也就巩固了基础知识的学习。而在这一过程中进行的材料整理、语言分析、阅读语感、比较训练、综合归纳等都是侧重能力培养的环节。这种模块式教学方法较好地克服了一般教学重知识讲解轻能力训练的不足。在能力训练方面，多角度、多层次展开，可以照顾到各个层次的学生，把能力培养落到实处。

2. 提高学生参与教学活动的积极性。

本设计用问题（或要求）引领学生学习，使学生能够较好地实现参与式学习。如果上课就是学生坐在那里，相对被动地接受教师传授的知识，那么学生的积极性很难得到保障。即便教师教学水平很高，学生听得津津有味，能够理解接受，也还不是以学生为教学主体的参与式学习。而在本设计中，问题在先，准备随后，分析整理，讲解配合，讨论发言；或肯定或质疑，有补充有提高；不是教师在讲，而是学生在做。

3. 参看前两条可知，本设计照顾不同层次水平学生的发展需要，不一刀切，学生具有更大的自主选择的可能。

4. 教学同步性高，反馈及时。

一般教学阶段性评价分期中、期末两次，加上作业、提问等，或者全班同步性不够，或者信息反馈及时性不够。模块式教学在教学过程中及时掌握学生的情况，使同步性大大提高。

5. 师生能够进行有效交流，有利于及时了解学生的学习情况，为修正以后的教学设计提供参考。

6. 单位时间的教学内容有所增加，教学效率提高。

“诸子散文”部分，如果加上作品分析，8 课时往往不够。如果教师采用有详有略的处理方法，对略讲的部分又不易把握。现在把知识放到一个模块中，知识的整体性和连续性不受破坏，同样的课时，效率就提高了。

7. 有人说，以上各点，使用传统的教学方法也能实现，区别可能主要在效率而不是效果。其实不然，因为模块理论是从功能的角度去研究人类的思维过程，借此为我们提供了方法上的指导。虽说是心脑关系上的功能主义的历史发展，但是其“表征重述”的核心目的在于把心理中的内隐信息变成心理的外显知识的过程。这个过程先是在一个领域内发生，然后扩展到几个领域，就是我们常讲的“举一反三”功能。一是从教学上这种方法可以方便地移植到其他部分或者其他学科；二是从学习上学生可以自主学习，全面把握知识、切实提高能力，达到培养合格教师的目的。模块式教学的讨论、设计、交流等环节体现出的应用型人才培养理念，不仅强化了学生的主体意识，而且使学生的自学能力、逻辑性、表达能力、协同能力等得到了提高。

（二）存在或容易出现的问题

1. 模块式教学的模块切割需要注意的问题是：在模块内容的独立性和学科体系的完整性之间如何更好地协调，切割的模块内容所含知识量的考量。对于不适合运用模块教学的，还要选择其他方法。

2. 由于模块式教学设计了较多的互动性内容，所以容易出现超出教师备课范围的情况。及时把控教学过程中出现的不确定因素，需要教师具有较强的观察、分析、沟通、表达等能力。掌握科学有效的教学方法，对教师也是一种挑战。

3. 模块式教学与现有评价机制的协调问题。应该增加平时成绩的比例，增加能力考查内容。

4. 班级人数较多时，如何了解没有机会发言的同学的情况并根据情况予以评价和指导，需要提前做好预案。

5. 如何提升模块式教学的作用，不是将其简单理解为一种教学方法，而是把它看作知行一致，集理论知识、实践经验、技能训练同步式一体化的教学模式。使模块教学在教育观念、教学内容、教学方法、教学手段等方面发挥显著作用，需要我们付出更多努力。

以上是我对“诸子散文”模块式教学的说明及思考，很不成熟。希望得到大家的理解与支持。

参考文献：

[1]（美）J. A. 福多. 心理模块性［M］. 李丽译. 上海：华东师范大学出版社，2002.

[2]（英）A. 卡米洛夫-史密斯. 超越模块性——认知科学的发展观［M］. 缪小春译. 上海：华东师范大学出版社，2001.

[3] 陆海霞，张丽莹. 模块教学理论与 BEC 培养模式研究［J］. 太原城

市职业技术学院学报，2012. 12.

[4] 刘苏. 从功能主义的视角看福多的模块理论 [J]. 学理论，2013. 4.

[5] 李康. 福多《心理模块性》的深层含义 [J]. 山西煤炭管理干部学院学报，2006. 1.

[6]（瑞士）皮亚杰. 发生认识论原理 [M]. 王宪钿等译. 北京：商务印书馆，1996.

[7] 李侠. 人类认知模式的转变——从 J. A. 福多到卡米洛夫-史密斯 [J]. 哲学动态，2007. 10.

用古典诗词的意境美培育学生正确的爱情观
——以《长恨歌》为例

于海博

内容摘要：当代大学生的爱情观在一些社会不良因素的影响下出现了新的变化，迫切需要加以引导，而对大学生进行教育不能简单粗暴。《长恨歌》的教学实践证明，通过展示古典诗词的意境美，对大学生进行美育，能够引导其树立正确的爱情观，进而正确处理爱情生活中遇到的相关问题。

关键词：古典诗词教学；美育；大学生爱情观；《长恨歌》

谈恋爱是处于生理与心理都较为成熟的大学生普遍面对的问题。当前社会，全球经济一体化快速发展，中西文化相互渗透，人们的价值取向、思想态势发生了翻天覆地的变化，婚姻自主、恋爱自由呈现出性自由、性开放的趋势，整个社会的爱情观、婚姻观都处于探索和重建之中。受社会环境影响，爱心萌动而又对此迷茫困惑的在校大学生难免会受其影响，出现一些令人担忧的现象，处理不当，就会直接影响到应用型人才的培养效果。本文拟以《长恨歌》为例，探讨古典诗词意境美对大学生培养过程中正确爱情观形成的指导作用，阐释古典诗词对大学生的美育作用，探索提高应用型人才人文素质的有效途径。

一、大学生恋爱现状

大学生在人生阶段中处于青年后期。这一时期，他们的性机能和性器官已完全发育成熟，对异性产生了浓厚的兴趣，心中充满了对爱情的渴望和冲动，但由于中国传统教育思想一直忽视青少年发育过程中性意识的萌动和性教育的实施，家长、老师避之如洪水猛兽，所以中国的大学生往往对性爱具有强烈的好奇心理。而高中的忙碌和大学的自由又形成了强烈的反差，一下子多出来的大量空余时间令很多在校大学生难以适应，于是为了满足对异性的好奇，填补精神的空虚，他们纷纷开始寻找爱情。

不可否认谈恋爱的大学生中确有圆满步入婚姻殿堂的，但更多大学生谈恋爱的动机只是玩玩儿而已，没有丝毫责任感可言，完全是一种游离于婚姻之外的享受和消费。恋爱动机不纯加上性开放思想作怪，大学生婚前性行为频频发生，同居、堕胎现象也屡屡出现。据中央电视台《半边天》栏目报道：北京某医院曾对前来堕胎的 500 名女性进行调查，结果发现其中 70%为在校女大学生。更有甚者，江苏某职业技术学院竟发生了女大学生宿舍产子的新闻。除此之外，大学生恋爱还呈现出功利化和网络化趋势。近年来，由于就业压力剧增，就业状况恶化，大学生恋爱也受到社会上功利思想的影响而掺杂进了物质虚荣和相互利用的成分，一些大学生在选择恋人时带有极强的功利目的，之所以选择对方往往是为了留在大城市、找个好工作抑或享受优越的物质生活，这样的爱情模式即使上升到婚姻高度依然带有极强的不稳定性，难免会随着双方身份、地位的变化走向消亡。而网络社会的形成又使恋爱对象和恋爱场所日趋网络化，网恋已成为在校大学生的一种时尚活动。然而，网络虽然丰富多彩、新鲜刺激，但毕竟虚无缥缈、危机四伏，一些大学生沉迷网恋难以自拔，不仅影响了正常的学习生活，还易导致人身伤害等悲剧发生，因此网恋问题更是不容忽视。

综上所述可见，当代大学生已舍弃了传统的婚恋观念和道德观念，他们性爱观念开放却缺乏必要的性知识和自我保护意识，道德意识薄弱而又功利浮躁，极易对自我和他人造成伤害，迫切需要家长、老师的正确引导。但由于大学生具有强烈的自主意识和叛逆精神，苍白说教和严厉训斥显然对他们无济于事，甚至会引起反感，使之破罐破摔。蔡元培先生曾经说过：“人人都有感情，而并非都有伟大而高尚的行为，这由于感情推动力的薄弱。要转弱为强，转薄为厚，有待于陶养。陶养的工具，为美的对象；陶养的作用，叫作美育。”所以要想使大学生树立正确的爱情观，消除现存的种种不良现象，有效引导大学生健康成长，必须进行美育教育，而古典诗词就以特有的意境美成为美育教育的一个有效途径。

二、美育与古典诗词意境美

美育是通过生动、具体、可感的美的形象潜移默化激发、净化人类情感，培养和提高人们的审美理想、审美能力、创美能力，引导人们按照美的规律来塑造自我，实现自身美化的一种特殊教育手段。它使用的工具不是抽象的理论、道德的说教，而是具体可感、生动鲜明的形象。与德育、智育等相比，美育具有明显的特点，其形象性利于人们认识和理解；其情感性易于以情动情，使人们在审美中受到陶冶和教育；其愉悦性能以具体生动的形象，激起人们情感的共鸣，使人产生审美愉快，在享受中受到教育。美育之所以具有这些特点，根源就在于实践过程中美与真、善交互融合，形成的是辩证统一的有机整体，美以真为基础，以善为灵魂，虽然真的东西不一定都是美的，但美的东西必然包含有真、善的内容。人一旦进入审美状态，就会产生一种感性与理性交织的特殊的情感状态。这种审美情感既是感性的，又是理性的；它在感性中积淀着理性的内容，而理性内容又完全消融在感性的形式中。审美者往往能在愉悦的精神享受中，感受到生活的真情、真理，获得强烈的善的教益，从而影响，甚至改变人的一生，即鲁迅先生所说的，美术可以辅翼道德："美术之目的，虽与道德不尽符，然其力足以渊邃人之性情，崇高人之好尚，亦可辅道德以为治。"总之，美育就是要使人们在倾心赏美的过程中，知美而又知其真，赏美而又得其善，自觉自愿而又自然而然地受到教育，升华自我。

在现实社会中，美可以根据其存在形态分为自然美、社会美和艺术美。自然美、社会美固然能引起人的审美愉悦，但艺术美的形象较之更鲜明、更集中，它以自然美、社会美为基础，源于现实、反映现实同时又对现实进行了一定的加工和提炼，融入了作者的真情实感和真知灼见，是人类情感的结晶，因此艺术美不仅同样具有自然美、社会美的形象性，更具有超越二者的情感性。具体说来，由于艺术门类多种多样，艺术美的表现形式也多姿多彩，如音乐、舞蹈、书法、绘画、雕塑等虽然都能陶冶人的情操，但它们有的借助于音符，有的借助于形体，有的借助于简单线条，对于常年进行文字学习的知识青年群体——大学生而言，作为语言艺术的古典诗词，显然更易于接受。

诗是我国最早出现的文学形式，词是诗歌的变体，在千百年的传承演绎中，浓郁深邃的意境美成为中国古典诗词的重要特征。意境是在有形的具体的意象描写之外，借象征、暗示创造的一个无形的、虚幻的、存在于人的想象中的、更为广阔的艺术境界，意象是构成诗歌意境必不可少的重要元素。毛翰教授认为，意象与意境是一实一虚，一真一幻；意象是诗意的载体，意境是诗意空间；意象让人从旁观赏，意境却让人身入其内、神游其中。他还把意象与意境的关系用这样的关系式来表示：意象＝物象×情思；意境＝意象＋氛围＝黑＋白。由于王国维《人间词话》在近现代流传甚广，很多人都误以为“意境”是由王国维首次提出的，事实上，意境说的思想源头可一直追溯到老庄美学。老子说：“道之为物，惟恍惟惚。惚兮恍兮，其中有象；恍兮惚兮，其中有物。”由此，老子首次提出了“象”的概念，但老子强调的是“道”对“象”的包含，这里的“象”只是客观物象。魏晋南北朝时，王弼在《周易略例·明象》中说：“夫象者，出意者也。言者，明象者也。尽意莫若象，尽象莫若言。言出于象，故可寻言以观象；象生于意，故可寻象以观意。意以象尽，象以言著。”进一步将“意”与“象”联系到一起，并明确表示，“意”要靠“象”来显现，“象”要靠“言”来说明。但是“言”和“象”都不是目的。“言”只是为了说明“象”，“象”只是为了显现“意”。通过“意”“象”“言”三者关系的深入探讨，王弼就在老子“象”的基础上进一步强调了“意”，推动了美学领域“象”的范畴向“意象”范畴的转化。与此同时，刘勰要求“神与物游”，钟嵘提出“滋味”说，要求诗要余味无穷，这些论述都为意境范畴的出现做了必要的铺垫。唐代，美学家对诗歌的审美形象进行了进一步的分析和研究，在佛教思想的影响下又提出了“境”这个新的美学范畴。“境”作为美学范畴的提出，就标志着意境说的诞生。如诗僧皎然曾多次以“境”论诗；王昌龄在《诗格》中不仅把“境”分为物境、情境、意境三类，而且指出诗歌创作要“搜求于象，心入于境，神会于物，因心而得”；刘禹锡在《董氏武陵集记》中指出“境生于象外”；司空图则在《诗品》中提出了“象外之象”“景外之景”“韵外之致”“味外之旨”“思与境谐”等观点，对诗歌意境的美学特征进行了理论概括，终于确立了意境说的基本内容和理论框架。此后，意境说逐步得到完善总结，并成为中国美学体系的精髓和核心。与意境说相辅相成、纠结发展的是中国古典诗词，在创作实践过程中，中国古典诗词展示出或清新、或雅致、或缠绵、或空灵、或洒脱、或恬静、或活泼、或飞扬、或雄奇、或激越的蕴含深厚的意境美。古典诗词意境美是艺术美的重要表现形式之一，它包容了意与象，交会了情与景，通过具体物象的描绘展现出一个虚实相生、韵味无穷的审美想象空间，极易引起感情丰富的在校大学生的共鸣，使之不知不觉陶醉其中。而爱情是人类最热烈、最崇高、最美好的感情，是人类永恒的话题。对此，中国古典诗词也进行了大量描绘，既揭示了爱情心理，又展示了爱情的甜美，更突出了悲剧爱情的震撼，其中反映出来的人的心理、情感往往具有普遍性，写的虽是古人，可对于现代人的爱情生活依然具有较强的概括力和表现力，能够给大学生的爱情生活以指导，如中唐诗人白居易的《长恨歌》就有此效用。

三、如何在教学中展示《长恨歌》之意境美，发挥其美育作用

《长恨歌》是我国古典诗词中著名的长篇叙事诗，它以喜剧开头，以悲剧告终，描述了唐玄宗与杨贵妃从相见、欢爱到死别、招魂的全过程，自问世以来即深入人心，展现出强大的艺术魅力，明代何良俊甚至将其誉为“古今长歌第一”，究其原因就在于《长恨歌》具有浓郁感伤的意境美。那么，在教学过程中怎样才能有效地向学生展示《长恨歌》的意境美，使之从中获得美的熏陶、情感的共鸣，进而形成正确的爱情观呢？窃以为，可从以下几个方面来创设情景。

1. 分析人物形象，感受情感的忠贞不渝。在这首诗中，诗人再现了古代著名美女杨贵妃的妍姿美质，她“天生丽质”，肤白脂玉，柔若无骨，步态窈窕而又风情万种，“回眸一笑百媚生”。为了突出杨贵妃的美貌，作者不仅采用正面描写，还进行了大量侧面烘托，六宫粉黛与之相比顿失颜色，后宫佳丽三千，杨贵妃却能“三千宠爱在一身”；唐明皇多年求色不得，所见美女无数，见到杨贵妃竟然神魂颠倒，“尽日君王看不足”。通过对比手法的使用，诗人形象地展示了杨贵妃的美貌和她的强大魅力，从而使美艳绝伦的杨贵妃

由呆板的历史人物变成了立体的人像，鲜活地站在了读者面前。

在杨贵妃身上，不仅展现了形体的美好，更突出了她对爱情的忠贞，马嵬“宛转蛾眉马前死”后，诗人通过幻想中的海上仙山使杨玉环的美由形体深化到心灵。尽管经历了马嵬巨变，但杨贵妃却不忘旧情，依然对玄宗一往情深，“含情凝睇谢君王”表现出她的感恩知遇，“回头下望人寰处”写出了她对爱情的留恋和向往，而“在天愿作比翼鸟，在地愿为连理枝”誓言的重申，更表现出她对爱情的忠贞。与之相对，玄宗皇帝的爱情也感人至深：安史之乱前，他虽然后宫佳丽三千，却“专宠”杨贵妃一人，体现了对爱情的专一；安史之乱爆发后，面对杨贵妃之死，玄宗是“回看血泪相和流”。而随着时光的流逝，玄宗对杨贵妃的思念眷恋不仅没有消失，反而历久弥新。在孤独与相思的折磨下，玄宗皇帝长夜难眠，度日如年，表现出的是漫长岁月中的深情不移。显然，经过诗人的艺术加工，李杨爱情已成为超越普通帝妃情感的坚贞专一、生死相许、始终不渝的理想爱情。

在引导学生体会这一内容时，主要通过图像资料展示杨贵妃的美丽。爱美之心人皆有之，美丽的形象往往能够在第一时间打动人心。因此引导学生感受作品的情感美时，教师可适度使用全身、半身等各种杨贵妃画像来配合言语来创设情境，快速引起学生的注意，激发学生的学习兴趣。

2. 体会作品的情景交融，感受韵律和谐的语言美。为了烘托人物真挚美好的感情，诗人使用了大量以景衬情的手法，即把人物的思想感情注入景物，通过人物周围富有特征性的景物、事物，委婉含蓄地表现人物情感。诗作看似以写景为主，但情藏景中，更显示出人物的情深意浓。马嵬兵变后，玄宗西逃路上萧瑟的寒风、漫天的黄尘、荒凉的栈道、黯淡的日色、无光的旌旗，无不烘托出人物的悲思；蜀地恬美明净的青山绿水，竟会惹人伤心，突出的是玄宗的寂寞悲哀；而行宫中的月色，雨夜里的铃声，更把人带进伤心、断肠的境界。好容易等到“天旋地转回龙驭”，这本是乐事，但旧地重返，往事依依，踌躇和眼泪又一次暗示了玄宗复杂感伤的内心世界。回宫后，往日李杨共同生活的宫室池苑更勾起玄宗内心强烈的物是人非之感，“归来池苑皆依旧，太液芙蓉未央柳。芙蓉如面柳如眉，对此如何不泪垂”。白天太液池的芙蓉和未央宫的垂柳竟然幻化成杨贵妃的容貌，可见玄宗是多么神思恍惚。而

"夕殿萤飞思悄然，孤灯挑尽未成眠。迟迟钟鼓初长夜，耿耿星河欲曙天"，又从黄昏写到黎明，集中表现了夜间玄宗的情思萦绕、辗转反侧。这种苦苦的思恋，"春风桃李花开日"是如此，"秋雨梧桐叶落时"也是如此，当年"梨园弟子""阿监青娥"的白发衰颜，更暗示出玄宗内心对往日欢娱的思念。诗人就这样从黄埃散漫写到蜀山青青，从行宫夜雨写到胜利回归，从白日写到黑夜，从春天写到秋天，处处触景伤情，时时睹物思人，运用不同的景物反复渲染着诗中主人公的刻骨思恋，终于使情与景达到了完美的融合，也使整首诗具有了非同寻常的强大的艺术感染力。

而韵律和谐、语言优美，也是《长恨歌》引人入胜的重要原因。全诗通篇采用七言句式，一气呵成，各句中又通过词语的平仄变化造成曲尽其妙的音乐效果，真正做到了以声衬情，使整首诗都具有回环往复、起伏跌宕的旋律。同时，它的语言也优美流畅，通俗易懂而又满含深情。清代黄周星在《唐诗快》中就评价说："乐天诗如《长恨歌》《琵琶行》，皆所谓老妪解颐者也。然无一字不深入人情，而且刺心透髓，即少陵、长吉歌行皆不能及。所以然者，少陵、长吉虽能为情语，然犹兼才与学为之；凡情语一夹才学，终隔一层，便不能刺透心髓。乐天之妙，妙在全不用才学，一味以本色真切出之，所以感人至深。由是观之，则老妪解颐，谈何容易!"

那么如何让学生感受到《长恨歌》的情景交融和非同凡响的韵律美、语言美呢？一、引领学生反复阅读原作，在阅读的过程中亲身体会作品的韵律和语言；二、引导学生聆听名家诵读，感受作品的韵律和语言；三、综合运用音频、视频材料等多媒体技术配合教师言语，创设玄宗西逃路上和回归宫苑的凄凉忧伤氛围，使学生身临其境般地感受人物情感，体会作者的高超艺术技巧。

3. 引导学生思考"长恨"内涵。"长恨"是诗歌的主题、故事的焦点，也是埋在诗里的一颗牵动人心的种子。但"恨"什么，为什么要"长恨"，诗人却没有直接表述，而是通过他笔下诗化的故事，一层一层地展示给读者，让人们自己去揣摩，去回味。全诗以安史之乱为分界线，前半部分极力表现安史之乱前帝妃沉醉爱河、穷奢极欲的奢侈享乐生活，后半部分则浓墨重彩描绘了安史之乱后生离死别给玄宗皇帝造成的沉重心理创伤，甚至运用神奇的想象使杨贵妃在海外仙山死而复生，以“玉容寂寞泪阑干，梨花一枝春带雨”来表现死别后杨贵妃的痛苦心情，从而使李杨二人乱前的欢乐和乱后的痛苦形成了鲜明对比和强烈反差。这种对比和反差自然会引发读者的感喟，并进一步产生疑问：李杨爱情可谓甜美，贵为一国之君的李隆基可谓专情，但他们的爱情何以会招致“渔阳鼙鼓动地来”，最终不得不走向灭亡而引发无穷的“长恨”？在教学过程中，教师首先要向学生展示李杨悲剧对爱情纯真专一的歌颂，在学生心底唤起对美好爱情的向往和追求，继而发动学生对上述问题出现的原因进行讨论，在讨论的基础上再引导学生思考现实生活。由于唐玄宗和杨贵妃的历史故事广为人知，大学生又已经开始面对爱情、就业等现实生活问题，学生已有的历史认知和生活体验使之很容易对作品的内涵产生共鸣。《长恨歌》看似将爱情悲剧娓娓道来，实际探讨的却是爱情与事业的关系问题。唐玄宗和杨贵妃正是由于没有处理好二者的关系，一味贪图享受，才引发了重大社会危机，导致爱情悲剧的发生。虽然现代人没有李杨帝妃的特殊身份，但在恋爱过程中同样会面对爱情与责任的矛盾，李杨悲剧无疑为人们敲响了警钟，能够引领学生在沉醉其中之余又跃然诗外，自觉思考如何处理现实生活中的爱情与责任。

《长恨歌》的教学过程就是充分发挥美育的作用，让学生在感受美的基础上进行生活思考、修正人生态度。为进一步印证《长恨歌》的意境美对在校大学生的美育作用，我对我校 116 名学生进行了抽样调查，结果显示：经过指导阅读、分组讨论，98％的同学对李杨爱情充满羡慕，希望自己也能收获忠贞美好的爱情；36％的同学开始将李杨爱情与其社会角色相连，对他们只知享受爱情、缺乏社会责任感的做法进行了谴责，表示要处理好爱情与事业、爱情与家庭的关系，要为爱勇于承担社会责任；47％的同学表达了对李杨情感悲剧的痛惜和无奈，认识到自己不仅对社会、对家庭有责任，对爱人更应负有责任，表示要珍惜爱情，珍视爱人；另有 17％的同学谴责了李隆基临危杀妻的做法，表达了对杨玉环的深切同情，认为爱情不需要太多浪漫，“平平淡淡才是真”。通过学生反映可见，《长恨歌》能引起青年学生强烈共鸣，使之从中发现与自己心灵的契合点，并在审美的过程中不知不觉地引发思考、吸取经验教训，完成个人情感和道德的升华，因此古典诗词意境美能够对大学生正确爱情观的形成有美育作用。

席勒告诉我们："任何一个民族中审美文化的高度和极大普遍性与政治的自由和公民的道德、美的习俗与善的道德、行为的光辉与行为的真理都是携手并肩而行的。"要消除当前大学生恋爱过程中的不良现象，必须大力弘扬中国传统文化，面向各专业学生，通过公共选修课、讲座、研讨会等多种形式广泛开展古典诗词教育，提高大学生整体的文化修养和审美能力，以美育促德育。总之，高校教育必须注重以优秀传统文化的浸润熏陶为底蕴，只有提升了学生的人文素质，方能使之做到学问和德行同频合韵、圆融协同，真正成为能适应社会发展的复合型、应用型人才。

参考文献：

[1] 蔡元培. 蔡元培美学文选 [M]. 北京：北京大学出版社，1983.

[2] 蒋国忠. 新编大学美育 [M]. 上海：复旦大学出版社，2002.

[3] 金开诚，龙协涛. 现代美育教程 [M]. 南京：江苏教育出版社，1994.

[4] 张少康. 中国文学理论批评史教程 [M]. 北京：北京大学出版社，2006.

[5] 毛翰. 诗美创造学 [M]. 重庆：西南师范大学出版社，2002.

[6] 叶朗. 中国美学史大纲 [M]. 北京：人民出版社，1999.

[7] （德）席勒. 美育书简 [M]. 徐恒醇译. 北京：中国文联出版公司，1984.

中国古代文学教学改革初探

周　燕

内容摘要：中国古代文学是高校汉语言文学专业的基础学科，承载着传承中国古典文化精髓、提升学生人文修养、完善学生人格的使命。随着社会经济的快速发展及就业压力的逐步加大，古代文学教学受到前所未有的冲击而面临困境。面对这一困境，唯有更新古代文学教学理念，构建新型教学模式，运用现代教学手段，才能使这门传统学科焕发出新的活力。

关键词：古代文学；教学改革；教学理念

中国古代文学是高校汉语言文学专业的基础学科和轴心学科，它承载着传承中国古典文化精髓的重要使命，它在中文乃至整个社会科学领域都占有极为重要的地位。但是随着我国社会经济的快速发展和高等教育教学改革的不断深化，中国古代文学已经风光不再，课程长期沿用的教学理念、教学模式、教学手段和时代、社会的发展严重脱节，很多在校学生甚至因为这一传统学科远离现实社会而产生厌学的思想，因此古代文学教学改革已经刻不容缓。下面笔者就古代文学教学改革的有关问题述以拙见，祈就正于诸位同行和方家。

一、与时俱进，树立古代文学教学新观念

在教学实践中，古代文学这一学科的实用性和现实性总是不断受到质疑。面对这一尴尬处境，古代文学教学改革势在必行。

“教学研究的变革，归根到底是思维方式的变革，它需要理性思维的力量，要求研究者改变自己的知识结构。”对于教学工作者而言，改变自己的知

识结构，应首先改变缺乏现代意识、以古论古的狭窄陈旧的教学观念，树立一种与社会发展密切合拍的具有当代意识的古典文学教学新观念，从而为培养应用型人才开拓道路。

所谓古典文学教学新观念，即用当代视角和意识去阐发古典文学作品的人文精神内涵，尽可能增加古典文学教学中的现代气息，使古典文学与现实社会发生具体联系，从而在传授给学生知识的同时对其社会生活产生指导意义。“‘人文精神’，就是以人之文化存在为本，着重通过人自身以及人与人、人与自然、人与社会之间的关系恰当把握来化成天下的一种文化精神。”古典文学教学研究者不仅要对这些经典作品所蕴含的人文精神进行阐释，更要使其和现代社会相融合，发挥出其中所特有的光辉。

在讲授初唐诗歌时，根据孟子“知人论世”的原则，教师会对诗人的生平做简单介绍。初唐诗人陈子昂，其独特的性格不但对于学生了解其诗歌创作具有重要作用，而且对于学生的现实生活也具有重要指导意义。身处喧哗与浮躁的社会环境中的每个青年人都热切渴望着成功，陈子昂的成功之路对当代大学生的成长具有一定的启示。唐王朝“行卷”之风盛行，诗人只有在科举考试之前于社会上获得很高声名，才有可能在考试中拔得头筹。初入京师的陈子昂，为了宣传自己的诗文并获得声名，以重金买胡琴，汇集当时百余重誉之人说：“蜀人陈子昂为文百轴，驰走京毂，碌碌尘土，不为人所知。此乐，贱工之役，岂宜留心！”于是碎胡琴，以其文百轴遍赠会者。陈子昂的名声一日之内传遍了京城。陈子昂也因其诗歌文采而被唐睿宗所赏识，最终高中进士。陈子昂的这一行为显示其具有强烈的进取精神和宏大的抱负，他期待能够在更大的舞台上去实现人生价值，报效国家。为了实现自己心中的理想，陈子昂做了一系列精心的准备：备银、得琴、得关注；备诗、得人、得名声。在我们的生活里也有着许许多多的偶然，可并不是每个人都能把握好偶然的机会，使之成为一个成功的契机。通过以上分析和讲解，就使古代文学书本中的先贤们走进了学生的现实生活，从而拉近了古代文学与现实社会的关系，增强了学生学习古代文学的兴趣。

再如诗圣杜甫的《月夜》，传统的观点是此诗反映了安史之乱给人民带来的巨大灾难。但是除此之外，笔者觉得此诗还体现出了杜甫不仅是诗圣，更为情圣的一面。他不仅“忧民忠君，大成为圣”，更关爱妻儿，不离不弃，他和我们每个普通人一样，在自己最危难的时刻，更为牵挂和思念自己远在他乡的老妻和幼儿。通过这样的阐释，诗圣杜甫就走下了圣坛，不再只是文学史上被标签化的只知道心忧天下、满脸沧桑和凄苦的诗人形象，而成为一位有血有肉、至情至信的好丈夫、好父亲。这种对于古代诗歌文本的现代解读极易引发学生的情感共鸣，调动了学生的人生体验，从而在精神上得到滋养，在审美上得到愉悦。

讲授明代小说时，“四大奇书”之一的《西游记》可谓重中之重。为了能够使学生走进这个远离现实生活的神魔世界，并从这些深奥的宗教故事中获得和自身生活密切相关的人生启示，教师就必须用现代视角去阐释宗教故事。抛开宗教的外衣，小说中的“西天取经”更像是一种伟大理想的象征，而实现理想的过程是异常艰辛和曲折的。孙悟空在取经路上凭借着自己的执着、乐观、为理想献身的精神以及自身所具备的超强本领战胜了重重险阻，终于取得了真经，修成了正果，也实现了自己从魔到佛的华丽转身。这个结果是美丽而又诱人的，但是过程却是异常艰辛的。只有当一个人具备了坚毅性格，勇敢地面对痛苦和困难，他才能够出类拔萃，才能超凡入圣，获得成功。在当今，社会压力巨大，青年学子想要取得成功，实现自身的人生价值，可是又缺乏面对困难挫折的信心和战而胜之的能力，《西游记》中孙悟空身上所具有的独特性格魅力无疑会给艰难前行的青年人以巨大的力量。

二、化被动为主动，创建古代文学教学新模式

中国古代文学知识浩如烟海，时间跨度长，涉及作家、作品数量众多。加之古代文学课时的大量压缩，教师为了完成教学任务，势必压缩具体作品的介绍和分析，只介绍一些结论性的观点。学生对于古代文学的学习脱离了具体的作品而机械记录教师所灌输的所谓思想内容和艺术成就的程式化结论，这种教学模式不仅是枯燥的，也是令学生厌弃的。这种教学模式的最大弊端就在于没有将学生视为具有独立分析、思考能力的个体，学生在这一学习过程中始终处于被动地位，因此也就难以调动其学习古代文学的兴趣。

在创建新型教学模式上，笔者认为可以尝试创建“精博辩学”这一全新

的古典文学教学模式。这一教学模式旨在通过精湛、广博的激辩达到学的目的，是对所涉猎知识的进一步理解和认知，同时达到练就口才和提高思辨思维能力的目的。

如对于《三国演义》中人物形象的分析就可以采用这种全新的教学模式。曹操形象众说纷纭，历来难有一个盖棺定论的说法。教师可以在教学过程中将学生分成不同的阵营，即“治世之能臣”和“乱世之奸雄”。通过双方唇枪舌剑的激烈论争达到对曹操形象充分认识的目的。

学生在辩学准备过程中接触了大量的相关资料，并对所获得的知识进行整合，形成自己的论点，这就是对知识消化吸收的过程。课堂之上辩论的刀光剑影也锻炼了学生的口头表达能力、思维敏捷性以及快速应对能力。在教学实践过程中，每个学生都跃跃欲试，为自己所在的阵营献计献策，一改古代文学教学沉闷的课堂气氛，取得了很好的授课效果。

“精博辩学”这种全新的教学模式在古代文学教学中的应用，突破了长期以来形成的“老师讲、学生记”的传统教学模式，立足于使学生获取知识的同时实现自身能力提升的教学目标，学生不再是课堂的旁观者和聆听者，不再是被动的学习者和记录者，他们成为课堂的重要参与者，每个人在课堂上都有自己的位置和话语权，极大激发了学生的学习兴趣和主动性，由原来的“要我学”转变为现在的“我要学”。

三、充分利用网络资源和多媒体，实现古典文学教学手段现代化

在教学手段上，古典文学教学工作者应抛弃“粉笔加黑板”的传统教学手段，充分利用网络资源和多媒体，以现代化的教学手段来实现良好的授课效果。

明清时期，中国古典小说取得了其他文学样式难以企及的辉煌成就，成为明清时期一代之文学。明清小说多是鸿篇巨制，头绪纷繁，人物关系复杂，反映的社会问题广泛，叙述起来需费很多口舌，但并不能收到理想的授课效果。针对这一情况，教师应在教学活动中，充分利用网络资源和多媒体教学手段，激发学生的学习兴趣。

中国古典名著很多都被改编成了影视作品。在改编的过程中，有的影视

作品忠实于原著，有的则背离甚至颠覆原著。在明清小说的教学过程中，可以充分利用网络上的影视资源，通过多媒体等现代化的教学手段，让学生适当观看影视作品，并将之与文本阅读结合起来。通过分析比较，让学生加深对于古典小说原著的理解、认知的同时有效提高其自身的鉴赏能力。

此外，多媒体等现代化教学手段的应用，还能使我们静态的课堂动态化，隐晦难解的内容直观化、形象化，有效激发学生探寻新知的兴趣。

在古典诗词教学过程中，很多诗歌主旨表达婉曲、隐晦，很难用语言阐述出来，如王维的禅诗中所体现出来的禅趣美。教师可以利用多媒体，将诗歌难以言传的主旨通过声音、图片等直观的形式展示出来，有效实现教学目标。

综上所述，中国古典文学教学在当前的社会中遇到了众多问题，教学改革已势在必行。教师应结合社会的发展树立新的教学理念，尝试新的教学模式，运用现代化教学手段，充分开掘古典文学的学科魅力，使古典文学教学水平得以突破性提高。

参考文献：

[1] 施良方. 教学理论［M］. 武汉：华东师大出版社，1999.

[2] 赵行良. 中国文化的精神价值：中国人文精神之检讨［M］. 上海：上海古籍出版社，2003.

[3]［宋］李昉. 太平广记：卷一七九［M］. 北京：中华书局，2011.

[4] 康震. 康震评说诗圣杜甫［M］. 北京：中华书局，2010.

中国古代文学教学活动的创新实践

陈　芳

内容摘要：成功的古代文学教学，必须把理论性、知识性与实用性结合起来，在学生已有的知识基础上形成一种新的知识构架，并把它转化为应用能力。整个过程都需要学生的全面组织与实施。创新的教学活动便成为一项重要的选择。

关键词：古代文学；教学活动；创新；应用型人才

中国古代文学是高校中文专业传统教育的重要内容，在所有的文学专业中最古老。然而，教学现状却不容乐观：一方面，在一些应用性较强的课程重压下，作为基础课程的古代文学日渐被忽视；另一方面，学生对古代文学课程的兴趣越来越淡漠，对文学现象知之甚少，对文学规律缺少系统把握，知识支离破碎，临考前，复印笔记或讲义敷衍了事。

古代文学教学的“内忧外患”，除其本身的“非应用技术性”与教学对象受“经世致用”影响变得心态浮躁之外，问题的关键在于传统的教学方法已难以适应现代社会对高素质应用型人才培养的目标需求。作为高校古代文学的教育者，必须直面现实，应对挑战，架设起一座面向未来的桥梁，使这门古老的学科重焕异彩。创新的教学活动模式就是这样一座桥梁。笔者以下就有关问题陈述己见。

一、古代文学教学现状

在一些学生看来，古代文学只不过是“故纸堆”“老古董”，与现代生活脱轨，学习古代文学远不如学习法律、经济、新闻、市场营销等课程实在。

会诗词审美也不如擅长书画、音乐更能明显地体现出“一专多能”的优势。文学院学生没有读过诸子散文、《史记》《左传》等重要的文化典籍，没有完整看过“四大名著”的现象非常普遍。古代文学的教学逐渐陷入困境：学生学无味，教师教无趣。

那么，真正导致古代文学教学陷入困境的原因是什么？笔者认为，最根本的原因还是教学方式方法本身存在问题。像教学内容满堂灌、教师知识老化、讲解过于重视作品的社会性和政治性、阐释流于空泛和程式化，都会使学生失去学习的兴趣和热情，更不可能培养出适应社会需要的应用型人才。因此，古代文学课必须首先从教学本身进行改革。在对教学活动的处理上，也应当努力适应以知识创新、素质教育为核心的教育新时代要求，积极转变观念，变知识传授为素质培养和能力提高。

二、创新古代文学教学活动形式

（一）情景模拟

实训环节教学是师范教育对学生职业技能培养的起点，是学生由学校走向社会的对接口，是培养良好职业能力和职业素质的重要平台。情景模拟教学法也称角色扮演法，即教师根据教学内容和教学目标的需要，有针对性地编写某一情景模拟案例或特定的仿真人物、情节的实践教学训练书，指导学生掌握必需的理论基础知识和必要的角色信息，要求学生分别扮演情景中的各种角色，使学生置身于模拟的情景中，从中理解和运用相关知识及解决问题的操作方法，从而达到提高学生综合素质的目标。教育者（学习者）的作用最大化必须建立在一种新型的研讨型教学模式基础上，其核心是以教师为主导、以学生为主体的师生互动。

情景面试法作为一种创造性的、师生互动的、真正实现“把教育的对象变成自己教育自己的主体”的综合教学方法之一，是对被教育者的作用最大化原则的贯彻和落实。作为师范院校的学生，面对即将到来的实习和面试，首先遇到的挑战就是敢于站在讲台上，在公众面前展示自己、推销自己。那么，将所学知识以面试情景的方式让学生参与进来，在掌握知识的同时切实迈出第一步，笔者认为这是有必要的，也是有益于检验课程效果的最好方式。

比如，在学期中期，可以将已完成的教学内容进行认真设计，使其难度适中，兼有趣味。学生的面试实践，既锻炼了胆量，又强化了知识运用，一举两得。

总而言之，情景模拟面试法在课堂教学中的有效应用需要师生的相互配合才能实现良好的效果。一方面，它能使教师在此过程中了解学生的整体素质和能力，可以不断地调整自己的教学内容；另一方面，能使学生感受到面试中的一些情境，加强对面试工作的认识。

（二）教学辩论

孔子是我国古代第一个开办私学的大教育家，也是把辩论与教学结合起来的第一人。他写的《非相篇》，是我国古代第一篇研究辩论的理论专著。在中国古代，不仅儒家，道家、佛家在教学中也讲究“问难”“机锋”，以求“顿悟”的最佳效果。佛家高深的大法会，很多就是学术辩论大会。一些脍炙人口的古代文学经典作品有很多关于辩论的记录，如《墨子》中的《公输》；有的本身就是一篇“雄辩之辞”，如韩愈的《张中丞传后叙》。古人犀利的思维、严密的逻辑、非凡的技巧、澎湃的感情，使我们千百年后仍如见其人，如闻其声。

教学辩论是教师组织学生就教学过程中的一些问题展开的辩论。它属于学术辩论的范围，是一种辅助教学形式。教学辩论本质上是学术上不同观点、不同思想的百家争鸣，辩论的过程就是对问题不断探索的过程。青年学生往往年轻气盛，辩论又是一个高度对抗的活动，教师首先要使教学对象懂得：教学辩论的目的在于探索实践，提高自己。辩论者一方面要严肃认真，敢于坚持真理；另一方面要保持君子风度，做到以理服人。

教学辩论的开展，对古代文学课程来说是完全可行的。教学辩论使教师把主体位置让给学生，给学生创造主动学习的条件，挖掘学生的学习潜力，使学生的学习积极性得到充分调动。同时，辩题的设计要紧密结合学生的实际水平，既不能过于高深，又不能过于浅易。要充分利用学生已有的知识基础，又要适当高于基础。例如先秦阶段可选“儒家思想是否是中国社会发展的动力”“诸子散文写作者中谁的文学成就最高”等为辩题，两汉阶段可选“汉赋是否能作为汉代文学的标志”等为辩题，魏晋南北朝阶段可选“骈文是否弊大于利”等为辩题，唐宋阶段可选“《蜀道难》主题辩”等为辩题，元明清阶段可选“《水浒传》是否歌颂了农民起义”等为辩题。

教学辩论的形式是灵活多样的，可根据教学的需要因地制宜。从参与方来说，教学辩论可以是双方的，也可以是多方的；可以是本班、本年级的，也可以与非专业的同学进行邀请赛、擂台赛。从辩论时间来看，可以是随机的，也可以是经过精心准备、比较正规的；可以每一章一辩，每一单元一辩，或者每个学期组织几次大规模的公开赛、挑战赛。

（三）创新活动模式的实践性

1. 课堂实践性。

中国古代文学课程是汉语言文学专业开设的一门专业必修课，课程时间跨度大，内容涵盖广，体裁类型多，作品容量丰富，内涵厚重是其主要特征。在这样一门长达两年、四学期、186 个课时的课程教学中，实践性课时可以在原有的基础上有所增加。

从课堂的组织来看，情景面试教学法要求学生自由分组，每组由学生推荐组长一名，由组长主持，根据学生情况分配角色，即模拟主考官和应聘者。在这个阶段教师适时引导，适当启发学生，保证模拟现场能够按照设计过程有序进行，并密切关注每个学生的模拟扮演，观察面试者在面试过程中是否举止文雅大方、谈吐谦虚谨慎、态度积极热情，回答问题时是否把握重点、简洁明了、条理清楚，同时使学生的主体性得到充分的发挥。表演完毕后，小组之间进行互动互评。在此过程中，让学生了解自己的长处与不足，增强自信，分享感受。最后，教师终止模拟，分析总结，对整个进程进行评价，点评各组显露出来的问题，包括知识和技能两方面，使学生牢固掌握。情景面试在实践中具有以下优势：一是提高学生的综合素质与能力，二是使学生变“被动学习”为“主动学习”。

辩论教学法要首先公布辩题，先学后教，促进学习效率的提高。按学习小组分出正方与反方。辩论程序：立论，正反双方各 3 分钟；自由辩论，各 5 分钟；总结陈词各 3 分钟。组织评委：选出几名学生作为评委，分别挑选优等生、中等生和学困生。学困生参与其中，一方面，学会聆听、阅读课堂；另一方面，用非权力性因素把学生“留”在课堂。此外，杜威在他有关道德教育理论中说道：每一个人不但有一个情感的大脑，还有一个理智的大脑。

每一观念都是两者共同运作的结果。辩论教学法除了向学生提供可以思考、言说、交流的时空外，还注重学生情感的体验。辩论教学法通过创设学习情境，引导学生展示观点，在价值冲突中识别观点，在比较鉴别中确认观点，在探究活动中提炼观点，进而有效地提高学生理解正确价值观的能力。

2. 社会实践性。

情景面试教学法是一种在短时间内提高学生能力的认知教学方法，采取这种方法进行教学，不再以教师为中心，而是强调给学生尽量多的面试机会，让他们在模拟面试活动中增长知识与才干，为毕业后尽早适应社会打下良好的基础。

同样，采用辩论教学方法对推进素质教育、培养人才，具有一定的优越性。学生不仅在短兵相接的辩论中，表现出机敏快捷的思维、沉着应变的头脑和较强的口头表达能力，还有助于提高辩证思维能力。这不论是对教师还是对学生都是一种挑战。迎接挑战，在挑战中发展自己、充实自己，我们会发现其乐无穷，受益终身。

国家“软实力”的提高、教育的振兴、文学专业的可持续性发展，都离不开民族优秀传统文化的继承与发扬。而中国古代文学以生动具体的方式体现了中华民族的基本精神与文化心理特征，成为传统文化中最容易为当代人所理解接受的精神形态。深化古代文学教学的改革是形势发展的需要，是教育市场激烈竞争的需要，是提高课堂教学效率、保证教学质量的需要，更是培养“应用型”人才的需要。

参考文献：

[1] 曾大兴，纪德君. 古代文学教学创新与大学生能力建设 [M]. 广州：广东高等教育出版社，2006.

[2] 陈金花. 中国古代文学教学方法的改革与实践小议 [J]. 高教研究，2010. 3.

[3] 刘运好. 中国古代文学教学改革研究 [J]. 安徽师范大学学报，2004. 6.

[4] 刘黎清. 论大学课堂教学的有效性 [J]. 黑龙江高教研究，2007. 5.

［5］郝美玲，黄新亮. 情境教学法在职业生涯规划课堂中的应用［J］. 科技信息，2009. 9.

中国古代文学情感教学法初探

孙玉安

内容摘要：本文结合当前已形成的教育理论与实践，结合“应用型人才”理念，意在初探地方性高校中文专业的古代文学教学改革，重点阐述如何运用情感教学法上好古代文学课，以及如何使学生掌握情感教学法，以待将来让学生运用到他们自己的语文教学中。

关键词：教学改革；应用型人才培养；古代文学教学；情感教学法

“情感教学”是教学理论与教学实践的综合，是教学起点、教学过程与教学目的的综合。在逻辑结构上，情感教学既作为一种教学思维存在于教师脑海中，也作为一种教学方法存在于教学实践中，是相互联系、相互促进的关系；在时间结构上，情感教学起于教学之前的师生情感铺垫，在教学过程中师生情感因素始终贯穿，在教学结果上要达到师生情感共同发展的教学目的。

古代文学，或称古典文学，是我国高等学校汉语言文学专业开设的专业课、基础课、必修课、主干课，是中文专业最经典的课程，重要性不言而喻。然而，其作为重点的同时，也成了中文专业的教学难点。“古代文学难教”“古代文学难学”成为不争的事实。为了解决这样的问题，我结合当前已形成的教改理论与实践，本着地方性高校“应用型人才”的培养目标，立足中文专业培养中小学语文教师、文秘办公人员等应用型人才的实际，提出“古代文学情感教学法”以救时厉俗。

一、情感教学法在古代文学教学中的必要性

（一）有助于提升教学效果

使用情感教学法可以在教学准备、教学过程、教学巩固和教学评价全程充分调动师生“教与学”的学习情绪与兴趣。爱因斯坦说“兴趣是最好的老师”，一旦学生产生内在的学习兴趣与动力，就能够带着兴趣深入其中，能够更主动、更自觉地参与其中，实现良好的认知效果，“古代文学难学”的难题将迎刃而解。

（二）对促进学生吸收、积淀传统文化有很重要的促进作用

中国青基会社区与文化委员会主任陈越光说过：“一个人，如果他从来不知道孔子、老子、孟子、庄子是何许人，从来没读过、听过《诗经》、唐诗、宋词，如果他对‘富贵不能淫，贫贱不能移，威武不能屈’和‘己所不欲，勿施于人’等都一无所知的话，他就没有资格说他是一个真正的中国人。”情感教学法借助其自身的情感优势、文化优势，更好地让青年学子有兴趣、主动地接受中国传统文化，促进青年学子更好地吸取中华民族文化精髓，为将来发扬光大中华文明打下坚实的基础。

（三）为学生将来就业打基础

从“应用型人才”培养目标的角度出发，教师向学生传授情感教学法，也是培养这些当下的学生、未来的老师了解掌握一种先进的教学理论与教学方法。教师熟练运用情感教学法，可以使学生耳濡目染地掌握情感教学法这一应用型技巧，为这些将来走向语文教学岗位的学生打下理论与实践基础。

二、情感教学在古代文学教学中的可行性

（一）教师层面

教师的情感素质为古代文学情感教学提供“情感”保证。教师的情感素质指的是教师对学生的爱、对教师职业的爱。教师无疑对学生、对教师行业饱含浓浓爱意。卢家楣教授认为：“教师作为成熟的个体，其情感也相对成熟和稳定，各种高级情感诸如道德感、理智感和审美感都达到相当成熟的水平。这对教师在教学活动的重要情感地位上发挥积极作用提供了现实可能性。”

（二）学生层面

当代大学生都是热情饱满、朝气蓬勃的年轻人，他们有着非常高的情感体验需求。他们有爱与被爱的需求、有受他人尊重的需求、有认知需求、有审美需求，更有自我肯定、自我实现的需求。这些需求放置在教学中就是学生有和教师进行情感沟通的强烈欲望，这就给了古代文学情感教学以充分的实施条件。

（三）教学内容层面

古代文学作品饱含着古人浓郁的情感因素。五千年中华文明，诗词歌赋中蕴含了文人墨客的“浓情蜜意”，既有“父母在，不远游，游必有方”的眷恋亲情，又有“桃花潭水深千尺，不及汪伦送我情”的亲密友情，还有“天地合，乃敢与君绝”的炽热爱情，更有“至人无己，神人无功，圣人无名”的化外之情。古代文学教学内容蕴含着太多的显性情感因素，这是情感教学法最为有利的客观保障。

三、古代文学情感教学法的实施策略

地方性院校培养“应用型人才”，一般是培养中小学教师，或者机关、企事业单位的文员等。本文以培养中小学语文教师为例，阐述实施策略。“应用型教师”和情感教学法的结合点有三：教给学生如何具备教学情感、教给学生如何与他们的学生具有和谐师生情以及教给学生如何更好地展现教材中的情感。

（一）教师情感素质的养成

教师要更新教学理念，积极学习情感教学理论。积极主动学习最新的情感教学理论，如卢家楣的《情感教学心理学》、李吉林的《情境教学理论与实践》等都是非常值得学习的情感教学著作。而在实践中，教师应掌握高超的情感调控能力，既不要把生活中的消极情绪带入课堂，又能合理地抑制自身的高亢情绪，避免超出课堂教学应有的情感额度。

（二）和谐师生关系的培养

和谐的师生关系指的是民主、自由、互相尊重的关系。培养民主的师生关系，要求教师在与学生交往过程中，能够充分听取学生的意见，做到不独断专行；培养自由的师生关系，要求教师能够包容学生在原则内的个性言行；培养互相尊重的师生关系，要求教师尊重每一个学生，尤其是尊重那些认知能力较差的学生。

（三）课程的情感解读

1. “言语教学法”。

语言和动作是教师授课中必不可少的媒介，教师一定要注意使用规范、恰当的教学语言，也一定要有适时、适景的面部表情、肢体动作做配合。比如，在进行古代文学作品赏析时，教师应当运用饱含情感因素的教学语言，配合着恰当的教学动作，把作品中的情绪通过教师的语言表达传染给学生，这样才能更好地把古人寄寓到作品中的情感表达出来。

2. “情境教学法”。

在现代课堂上，情境再现的手段非常多，声音、图片、音像等都可以提供非常有效的情境再现条件，而诸如辩论会、情景小品、课本剧等活动课程在一定程度上有着更好的效果，能更接近于达到古代文学作品中的情境再现。下面以《荆轲刺秦王》为例，介绍笔者在运用情境教学法时单独使用图像、声音和音像的经验。

在讲完第一段“秦将王翦破赵，虏赵王，尽收其地，进兵北略地，至燕南界”后，在幻灯片上呈现出战国后期的地图，展现出荆轲刺秦前秦、燕两国的对垒局势，突出秦国大军压境而燕国危若累卵的紧张气氛。

在讲解“易水送别”时，请班内朗读水平较高的同学朗读这一段文字，朗读时配以古筝版的《梅花三弄》，突出荆轲和太子丹及宾客分别时的悲伤、慷慨、决绝等种种复杂情感气氛。

在讲解完“刺秦”两段内容后，播放1999年上映、陈凯歌导演的《荆轲刺秦王》电影片段。

3. “生活教学法”。

“生活教育”理论来源于著名教育家陶行知“生活即教育”理论。具体到我院实际，在培养应用型人才的过程中，应更加注重以“生活即教育”指导下的实践教学，紧密联系课堂教学与社会生活、美丽自然的互动。学生在生动的生活场景中最易获得直观的情感体验，它对学生身心情智发展影响的意义更加深远。

除此之外，广泛运用微格教学、教学实验、教学见习、教学实习等方法，也是应有之义。

正如黄崇浩教授在谈到大学古代文学教学时所说："大学的教育教学，不仅仅不能停留在'授人以鱼'的知识层面之上，也不能停留在'授人以渔'的能力层面之上，而必须站在激发受教育者创新意识和发现意识，培养其创新能力的制高点之上。"我们认为，无论是站在受教育者的立场，培养受教育者的创新意识，还是站在我们这些教育者自身的立场，创新教育者自我的教学观念，都应当是教育的题中之意，更是培养"应用型人才"的题中之意。

参考文献：

[1] 卢家楣. 情感教学心理学 [M]. 上海：上海教育出版社，2000.

[2] 黄崇浩. 精品课程建设论议——以"中国古代文学"课程建设为案例 [J]. 黄冈师范学院学报，2007. 4.

“以学生为本”的外国文学课堂教学改革探索与实践

赵静春

新世纪以来基础教育改革风生水起，而作为未来承担基础教育新课改生力军培养者任务的高师院校，如何“应对基础教育新课改”“接受基础教育课程改革挑战”“解决高等教育千校一面的问题”，成为高校教育工作者必须深入思考、认真探究的重要课题。沧州师范学院文学院的课堂教学改革正是基于这样的背景，对照高校分类体系，对自己进行了科学定位，将地方性、应用性作为学校和学院的发展特色，把提高未来中小学教师和其他专门性人才培养质量作为学校生存发展的生命线，把深化教育教学改革作为当前最核心最紧迫的任务，进行了有益的探索与实践。我们的外国文学史“以学生为本”的课堂教学改革已初具特色，形成课程内容、课堂教学、评价体系改革相结合的“三位一体”的文学课程教学体系，在以“强化应用能力”“为教而学”“知行合一”的教育理念指导下，坚持“以学生为学习主体”“以能力养成为教学本位”的课堂教学改革实践，探索出一种有利于地方应用性普通高等师范院校“回归师范性”“凸显地方性”“强化应用性”，有利于学生终身学习、终身发展的行之有效且操作简便的新型课堂教学模式。

一、外国文学“以学生为本”的课堂教学改革实践探索缘起

（一）教学目标难以落实

外国文学课的教学目标，概括成一句话，就是培养与提高学生的外国文学鉴赏能力。文学研究必须以文本为出发点和落脚点，脱离文本的文学研究和文学教学都会流于不着边际的空谈。地方性师范院校汉语言文学专业毕业

生将来的主要职责是担任中小学语文教师，次要的职业选择是从事和文字写作有关的其他工作，因而培养、提高他们的文学鉴赏能力就特别重要。一切文学与语言课程，都应当直接或间接地促成这一教学目标的实现。20 世纪 60 年代以来，有识之士一直呼吁把提高学生的文学鉴赏能力作为文学课程最基本的教学目标，然而这一目标的落实却很不理想，文学审美教学并未得到有效实施。

究其原因，学生不阅读或者很少阅读文学作品一直就是文学教学中难以克服的顽疾。教师即便给出必读书目，要求提交读书笔记，学生也总会以层出不穷的招数加以应付，其中"百度一下"就是最便捷、最常用的办法。这种惯常的抄袭行为，充其量只能获得一些空洞、枯燥的知识和理论概念，根本培养不起直觉的审美能力和审美乐趣。

（二）课堂教学"教与学的分离"

在师范院校中，教学分离主要表现为两种情况：一种是教师只注重自己的教，而不注重学生的学；另一种是学生只注意学习专业知识，而不养成分析鉴赏文学作品的能力和教学技能。从某种意义上说，课堂成了教师表演的舞台，学生只是舞台下的看客。一堂课就像一出戏，热闹一阵子也就烟消云散、复归沉寂了，而且相当多的课堂讲授未必会有"热闹一阵"的表面效果。学生只要把教师的观点搬到笔记本上，或者干脆复制一下老师课堂教学使用的 PPT 课件，考试时再搬到试卷上，就算完成了学习任务。教与学的关系中，教师也许有教的热情，而学生却无学的主动，彼此只是不相关的遥望。这种教学分离现象早已成为高等院校的教学通病，人们习以为常，似乎这就是最规范的教学模式而不用改变。师范院校文学教师作为未来教师的教师，理应成为教学方法的示范者和创新者，除了下大力气消除教学分离的痼疾之外，还必须完成一个本职工作的重要任务——向学生传授有关文学教学的各种方法。教师既要教给学生吸纳知识的途径，又要教给学生传授知识的方法，使学生既会学又会教，既有"鱼"又会"渔"。总之，师范院校的"教学结合"，不只是教师的教与学生的学的结合，还有一个学生的学与学生的教的结合。教师与学生共同努力，实现了这两个结合，教学分离的现象便可以得到根本的转变。

二、“以学生为本”的课堂教学改革及模式探索

我们现在坚持的做法是：教师负责梳理外国文学史的“史”的线条，对重要的文学思潮、文学流派在理论上阐释清楚，选取莎士比亚、歌德、托尔斯泰等少数文学大师作为示范性内容讲解。外国文学史各个时期其他的有一定代表意义、按照教学大纲要求应该讲授掌握的作家作品或者外国文学的基本问题由学生自主学习完成，比如：希腊神话、希腊戏剧、塞万提斯、马克·吐温、易卜生、莫泊桑等等这样的文学问题和作家作品，就具体的教学任务量来看，老师负责30%—40%，学生负责60%—70%。下面，我主要对学生自主学习的基本做法和模式做详细的阐述。

整个课堂教学主要有课前准备、课上展示与课后反思三个环节。

第五学期，外国文学史一开课，教师首先给学生讲清楚这种课堂教学模式的基本内涵和基本做法，接着把本学期要求学生自主学习完成的文学问题和作家作品按照教学计划顺序把阅读任务布置给学生（要求全体同学细读文本，期末交读书笔记，评定成绩），进而把学生自主学习、课堂展示的作家作品任务分解，责任到每一个学习小组。学生自主学习的基本组织模式是建立“小组学习制”（为了方便学生学习讨论，通常以学生宿舍为单位把一个教学班划分为7—9个学习小组），以小组为单位组织课堂教学。小组学习制其实体现出来的就是“任务驱动式”和“师生互动式”新教法的教学思想。学生自主学习的部分由个人自主、小组合作、班级交流、教师点评等环节要素构成。

1. 课前准备环节。

各个学习小组按照老师布置的讲授内容，先通过阅读教材中的相关内容对该作家及代表性作品有初步的认识，进而以细读的方法精读文本，在此基础上，小组集体讨论，搜集相关资料文献，必要时老师应该给学生提供学习参考文献、开列书目、提供网络电子信息库相关链接。学生要编写该作家作品的“学习方案”，组织本堂课的学习小组。小组成员分工协作，集体讨论，必要时邀请老师参与意见，设计教学，编写教案讲义，制作PPT课件。学生的准备环节，在浏览阅读教材、细读文本、参阅文献资料的同时，也学习借

鉴了他人的文学批评视角和方法，激发起自己的学术思考，提高了文学审美感受能力。此环节的学习任务要求每个学习小组都必须完成课堂展示环节所需要的教案、讲义和PPT课件。

2. 课上展示环节。

采用“35+10”模式，即35分钟主要由学生自主学习、讲授、交流、讨论，初步完成学习任务；10分钟由教师和学生共同对本堂课的授课内容、授课方式、授课理念及本课学习中可以拓展探究的问题进行点评、总结、互动探究、深化与提高，以保障课堂实效（小组课上展示的过程中分派专门的学生负责做课堂实录文字版，另外安排学生进行拍照或录制视频，一是积累资料，二是作为学生量化考评的直接依据）。

组织课堂的主体由学生完成，目前由学生创新的课堂形式包括精博辩学式、微课式、讨论式、展演式、专题式、采访式等。每个小组成员都是课堂教学的积极参与者，成为课堂教学的主角，都有明确的学习任务，避免了课堂教学中的“吃瓜”现象。在此环节中，学生不仅学会传授知识的技巧与方法，而且享受到合作学习的快乐与激情，从而实现“学生的学”与“学生的教”的结合。

特别强调的是，教师在展示环节要坚持“三不讲”原则：学生能通过自主学习可以解决的问题不讲、学生通过小组合作交流可以解决的问题不讲、班级共同探讨可以解决的问题不讲。教师要严格控制自己的表演欲望和发言时间。但是，这并不等于教师放弃必要的、有效的引导。在学生组织实施的教学中，教师随时根据课堂情况进行恰当的提示、引导和点拨，以此体现“教师的教”与“学生的学”的结合。

3. 课后反思环节。

课后反思是确保课堂教学高效、学生真正受益并促使课堂学习内容和能力深化拓展的重要环节。这个环节主要是针对课堂上没有彻底解决的难点问题和课堂讨论中激发、衍生出来的新问题，这些问题通常是学生准备阶段没有预想到的或者忽略掉的问题（其实，有些问题老师在这堂课之前也没有预料到，也没有成熟而深入地思考），而且这些问题对学生学习而言又具有进一步探究的兴趣和价值。这些问题需要课后继续进行拓展探究，以课后小结或者课外探究的书面作业（小论文）形式完成，以进一步开拓学生的学术视野，激发思维活力。

三、与课堂教学改革同步的评价体系改革

为了真正使“地方性”“应用性”“师范性”等人才培养目标与外国文学课堂教学改革及“以学生为本”的教育教学理念得到真正贯彻落实，我们辅之以评价体系的改革。评价体系是否科学对课程改革的实施起着重要的导向和质量监控的作用，评价的目的和评价的方式直接影响着课程培养目标的实现，影响着课程价值的落实。因此，评价体系的改革也是落实外国文学教学改革的重要组成部分。我们过去的评价体系更多关注的是教师的行为表现、学生的学业成绩，而忽视“教师的教”对于“学生的学”的服务意识，忽视学生课堂参与学习的过程，重结果而轻过程。对于文学教师而言，评价课堂质量的标准主要看教师的讲授情况，而对学生的课堂接受程度、接受效果、过程参与等并不纳入评价体系。因此，我们改变了以往通行的30％平时成绩＋70％末考成绩的成绩体系，变成20％学生自主学习＋20％课程作业（小论文）＋60％末考成绩这样的模式。学生参与课堂教学的过程评价给予20％的权重。原有平时成绩的构成要素就由简单化的小论文、小测验变成了这样几个部分：自主学习必须提交的对应课堂教学内容的指定性必读书目文本阅读笔记10分；课堂展示部分10分（包括课堂讲授、解决问题、参与讨论、小组合作、创新思维激发、衍生新问题等内容）：为了方便使用我校教务平台的成绩录入，读书笔记和课堂展示这两部分最终整合为一个20％。课程学习必须完成20％的课业小论文。

为了在课改初期强化小组合作学习意识，激励学生进行主动探究，最大限度把课堂这一阵地变成学生表演、锻炼的舞台，笔者还制定了一些奖惩措施，引进量化考评机制，以小组为单位建立课程学习评价表，详细记录每个组员每堂课的有效发言次数。统计数据可以每个月（4个教学周）通报一次，期末汇总，评选出学习积极主动的小组，组员每个人在成绩评定时加1—3分；学习不积极主动的小组，每个组员减1—3分。

期末考试的考核内容和方式也同步进行改革，考核内容涉及对基础知识、

表达能力、文本鉴赏、评述能力与综合能力的诸多方面。尽量减少死记硬背的内容，重点考核学生的应用能力，学生自主学习内容成为期末考试卷主观题的主体部分。

四、外国文学新的课堂教学模式的特点及意义

第一，外国文学新的课堂教学模式是真正能够让“以学生为本”的教育教学理念得到落实的教改新方法，也是陶行知先生“为教而学”与“知行合一”教学理念的最好实践与深化。传统的“知识为本体”的静态课堂转向“能力为本体”的动态探究，从根本上改变了传统学习方式中学生的客体被动性和惰性依赖心理，突出了学生学习的主体地位，从而成为培养学生应用能力、创新意识，提高整合知识、运用知识和教学实践能力的强大动力；针对性地训练学生听说读写的能力，切实提高学生阅读能力、鉴赏能力、表达能力以及查阅资料、分析资料、综合运用资料进行问题研究的能力，真正提高了学生的学习能力和创新能力。学生通过自主探究、组内班级展示，自我的求知欲、自信心得到了最大程度的激发，而以小组为基本单元的学习团队因为有共同价值取向和奋斗目标，在互相学习、互相交流、互相启发、共同进步的过程中，学生的学习力、生存力、创造力、合作力不断提高，最大限度地使他们获取知识的同时，也拥有了获取知识的途径和能力。

第二，这种课堂模式中教师的作用由传统的主体、主导者退居为配角、引导者和辅助者。传统课堂的讲授法是老师讲自己准备的内容，属于静置的知识型传授，老师仿佛全知全能，在课堂上具有权威性，对课堂的走向、学生的反应均呈现着强烈的“控制性”。我们探索实践的新模式则是“去”控制、“去”权威的过程，教师在课堂所起的作用变成了学生成长的见证者、欣赏者，学生学习的激励者、引导者和评价者。师生关系变成了平等的交流、共同的学习，教师与学生一起分享成长的快乐，真正做到了“教学相长”。

第三，这种课堂模式有利于高师院校利用课堂本身对学生进行“师范性”培训。我校学生的教育实习时间现在基本上是两个月。实习中，一些中小学校教师担心影响课堂教学效果，影响教学质量，甚至影响本班级的升学率，使学生实习期间获得讲课的机会少得可怜，更多时候扮演的是中小学教学的

“观察员”，缺乏实践的锻炼，学生的“教师技能”的培养就障碍重重，师范生的“职前培训”效果堪忧。因此，利用课堂教学时间和各种教学资源对学生进行未来执业能力的培训既省时省力，又会相应提高学生的就业竞争力。

第四，外国文学新的课堂模式是对大学传统教育体制和教学模式的挑战与突破。长期以来，中国的大学基本上都是“严进宽出”，学生历尽十年寒窗苦，一旦迈进大学之门就会释放长久积累的压力，不再有努力的方向、学习的动力。加之传统课堂的封闭性、评价体系的单一性，随着考试的结束，学生也就终结了一门学科的使命，缺少对学习过程的评价，直接导致了大学生懒散的学习、生活状态。我们实验探索的新课堂模式把学生学习的课前、课上与课后三个环节都列入学生成绩评定的范围，给予一定的权重，学生不再把考试、学分当作唯一目的，而是在充分享受学习的过程中提升了自己的学习质量和生命质量，这也为大学严把“学生毕业关”提供了一个基本思路。

总之，外国文学课堂教学改革实践探索几年来，逐步增加学生自主学习、自我展示的学时比重，不断完善课堂教学的各个环节，教学效果提升明显。学生的外国文学经典作品阅读量大幅度提高，学习兴趣与学习能力明显得到加强。实践过程中我们也发现不少学生一开始对这种模式有质疑。随着课程内容的推进，全身心投入到自主学习、自我展示课堂教学中的学生们，最后都饱含深情地感谢这种课堂教学模式带给他们的学习理念的巨大改变和能力的全面提升。

比较文学教学方法改革的思考与实践

刘晓华　毛海涛

内容摘要：依据教育部关于培养复合型、应用型、创新型人才的要求，并结合地方师范院校的具体情况，我们的比较文学教学改革可以从以下几个方面着手：改变填鸭式教学方式，以鼓励与任务相结合的形式，强化学生参与课堂比较实践的兴趣和能力；对比较文学理论进行精简并分级对待，大胆删减繁难、实践性较差的理论，结合学生毕业去向精讲指导性强、操作性强的“有用”理论；发挥比较文学对于素质教育和大学生思想政治教育的作用，在课堂教学中向当代文化和中国文化倾斜。

关键词：比较文学；教学方法；素质教育；师范院校

比较文学是在学生已经掌握了一定中外文学作品及文学理论的基础上所开设的一门专业拓展课，它着眼于培养学生对以往所学进行知识迁移、汇通整合的能力，并在跨国家、跨语言、跨文化、跨学科的视野下，培养一种比较视域和开阔胸襟。时至今日，在全球化语境中，早已无须证明比较文学作为一门显学的地位及其重要作用。但是，在地方师范院校的比较文学教学实践中仍然存在着诸多问题。例如，如何提高学生的学习兴趣和实践能力？在有限的课时中如何处理比较文学众多繁难、抽象的理论？如何把理论变得有用？如何发挥比较文学的素质教育的功用？依据教育部关于培养复合型、应用型、创新型人才的要求，并结合地方师范院校的具体情况，我们的比较文学教学改革可以从以下几个方面着手。

一、改变填鸭式教学方式，强化学生参与课堂实践的能力，调动学生的主动性和积极性

不同于国别文学史课程，比较文学课程理论繁多，如何培养和激发学生主动的学习兴趣，改变被动接受的模式，对于活跃课堂气氛、提升教学效果、培养学生的应用能力和实践能力具有重要作用。针对这一问题，我们可以拿出一半的学时来鼓励学生参与实践。

（一）以鼓励的形式，提倡学生参与教学

师范院校的学生将来主要的就业方向就是学校，学生们大部分都会走上讲台授课。因此，鼓励学生参与教学，提前体验，这个过程不仅会使学生对比较文学的学科理论有更为深入的了解，还能锻炼学生的语言、形体、掌控课堂等各种综合能力，为日后走上教师岗位积累经验。学生可以选择比较文学范围内的某一板块自主备课，选择合适的教学形式以实习教师的身份为同学授课。为了调动学生的积极性，可以针对他们的具体表现，在平时成绩中酌情加 1—5 分作为奖励。

（二）以任务的形式，保证人人参与比较

鼓励机制只能促使一部分学生自主、自愿地参与教学，那么，如何调动其余学生的积极性，使他们的学习兴趣和个人能力都得到提升？我们可以采取下达任务的形式，以宿舍为单位，在比较文学范围内，每个宿舍选择一个题目，在讨论中完成比较，并在全班面前展示成果。这一做法，既可以加深学生对比较文学理论的理解，又能培养学生的协商能力、分工合作能力，而且能够保证每个学生都得到锻炼的机会。当然，这一任务的形式也要结合鼓励机制，针对宿舍集体成果评出优秀，予以口头表扬和加分表扬。

二、教师在讲授比较文学理论时可分级处理，精讲指导性强的理论，大胆删减繁难，对学生而言实践性较差、“无用”的理论

文学研究如无理论指导，将难以深入，易流于印象式鉴赏。对比较文学而言更是如此。比较文学是跨国家、跨语言、跨文化、跨学科的文学研究，必然会涉及古今中外的文学理论。跨学科研究则会涉足电影、绘画、音乐、

建筑、心理学、哲学等领域的理论知识。而中国学者所提倡的阐发研究更是直接建立在中西方文学理论之间以及理论与文学之间的相互阐发基础之上。但缺乏对中西文论系统和深入的了解，恰恰是地方师范院校本科生的一个薄弱环节。那么，教师如何在那一半的剩余学时中完成比较文学众多基本理论的教学呢？

（一）精简理论，分级对待

鉴于学生理论知识的欠缺，我们在讲授课程时，可以精简理论，不妨大胆删减过于繁难或对学生而言难以操作的理论，并对各种理论分级处理。例如，对操作性强的影响研究、主题学、形象学和文类学理论可多做讲解，但也以能引起学生兴趣的具体的文学比较例证为主。而就学生目前水平较难操作的跨学科研究、阐发研究尽可能简化处理，对于多种语言和文化要求较高的类型学和译介学则可以数语带过，仅举几个例证即可。

（二）结合学生毕业去向，使理论“有用”化

师范院校的学生，其毕业去向主要有三个方向：学校、考研、行政机关和企业单位。我们可以指导学生结合自己的毕业去向，选取对自己有用的理论深入自学，用于比较实践。

针对准备进入中小学任教的学生，可以指导他们将比较文学理论与中小学课本中的篇目相结合。事实上，马衡在《高等师范院校比较文学课程教学困境与策略分析》中早已写道：“既然学生要到中小学去做语文老师，我们就要考虑在讲解比较文学理论、分析实例时，结合中小学语文教学的内容，寻找相关材料。学生通过对中小学语文文本的解读，不仅可以理解比较文学的理论，而且能为以后的工作提供可资借鉴的材料。借此实现比较文学教学内容与中小学语文的接洽。”这一策略更侧重于培养应用型人才，非常值得借鉴。

对于准备考研的学生，我们可以鼓励他们以备考专业的角度为出发点，选取比较文学理论用于比较实践这一策略鼓励培养创新型人才。例如，准备考文艺学方向的学生，可以多做比较诗学研究；准备考古代文学、外国文学的学生，可以选择中外文学比较；准备报考语言学方向的研究生，则可以选择译介学。这不仅会使学生更好地了解比较文学理论，而且可以提升他们对

考研专业知识的理解和储备。

对于准备进入公司工作的学生，由于他们日后的工作环境较少直接接触文学作品和文学理论，而更可能接触到的是中外文化的交流和碰撞，以及与各种不同类型的艺术相接触的工作，因此，可以指导他们多做中外文化的比较以及跨学科研究，这将为培养学生成为复合型人才打下基础。

三、发挥比较文学对于素质教育和大学生思想政治教育的作用

正如乐黛云所言："比较文学可以是一种高深的、属于精英的学问，同时它确实又是培养国际精神，提高人文素质，促进跨文化沟通，有益于大众的一条十分重要的途径。"因此，乐黛云非常强调比较文学对于人文素质教育的功用。就当代大学生来说，比较文学对于素质教育和大学生思想政治教育的作用更是不可低估。那么，如何使比较文学顺利发挥这一优势呢？

（一）向当代文化倾斜

当代大学生面临很多新现象，其中最重要的一个全新环境即全球化语境中日益繁密的多元文化交流和碰撞。他们可以跟随父母出国旅游或者参与学校的留学交流活动，更多的时候，则是通过杂志、影视、网络等各种大众传媒受到铺天盖地、良莠不齐的宣传攻势影响，而这些大众传媒往往为了商业目的而有倾向性地刻意渲染一些异国异味、低俗价值，从而降低甚至消弭了大众的判断和价值立场。而仍然处于价值观建立重要时期的大学生，是大众传媒最大的受众群体，他们渴求刺激，更愿意也更容易接受花样百出的文化熏染。但是，因为他们往往并没有建立起成熟的人生观和价值观，而更容易盲从于大众传媒的宣传，从而形成对传统文化的轻视和对他国文化的盲目倾慕。

结合当代大学生所面临的时代特点和兴趣指向，为了更好地发挥比较文学对素质教育和大学生思想政治教育的作用，我们可以在教学时更多地倾向于当前世界文化现象以及大众文化领域，而不必拘泥于教科书对于文学和历史的偏重。结合大学生感兴趣的文学和文化现象，指导学生进行深入的文化探析，以便培养学生"自觉的比较意识和批判鉴别能力"，这甚至被看作将比较文学研究方法引入语文教学最大的价值。例如，在讲授跨学科研究时，可

以多引入大学生熟悉的电影，借助多媒体来欣赏电影片段，透过电影对文学经典的改编，以及媒体对电影的倾向性宣传等方面，引导学生关注不同的媒体、不同的文化语境对文本的不同解读。

（二）向中国文化倾斜

在比较文学中，东西方文学比较是非常重要的一个领域，但是大多数高等院校在讲授外国文学史时都会侧重欧美文学，而东方文学则常常成为被冷落的一隅，使“世界文学”只剩下半壁江山，而且无形中助长了西方中心主义或欧洲中心主义思想倾向。

我们在讲授比较文学课程时，可以增加以中国文学为出发点的比较研究比重。这样既可以使学生和以往知识点相衔接，易于引起学生兴趣和共鸣，也有助于加深学生的中国文学和文化修养。王卫东在《社会转型时期大学生价值观的失范与重塑》中认为，社会转型期大学生利己主义、功利主义、个人主义增强，社会责任感缺失、奉献精神减弱，而引起大学生价值失范的第一大原因即为“西方消极价值观和社会思潮的腐蚀与渗透”，其中渗透的拜金主义、享乐主义等低俗层面对大学生影响很大。大学生容易盲从外来文化，人云亦云，很大原因是不了解中华民族传统文化的精髓，因此传统文化无法发挥在接受影响中的过滤机制。所以，我们不妨在影响研究教学中，多讲解一些我国文学与文化对他国的影响，这样做倒不是为了书写我国的文化功劳簿，而是在当今盲目崇外的世风中建立民族自信和自豪感。而在讲授外来文学影响我国文学与文化时，便可以强调“比较文学变异学研究”，突出在接受影响过程中民族文化在“文化过滤与文学误读”中所起到的重要作用，使学生对中西文化差异有更深刻的理解。

总之，在多元文化并存的全球化背景下，比较文学在加强跨文化沟通、深入探析中西文化差异、辅助大学生思想政治教育等方面都大有可为，如何在教学实践中充分发挥比较文学对人文素质教育的功用，仍然是一个需要深入探讨的课题。

参考文献：

［1］何颖．比较文学研究方法及其在语文教学中的应用和价值［J］．课

程、教材、教法，2011. 11.

［2］马衡. 高等师范院校比较文学课程教学困境与策略分析［J］. 宁波教育学院学报，2012. 11.

［3］乐黛云，李晓卫. 关于当前比较文学研究与教学的若干问题［J］. 甘肃社会科学，2009. 1.

［4］王卫东. 社会转型时期大学生价值观的失范与重塑［J］. 中国校外教育，2012. 4.

研究性阅读——高校文学课跳出“专家解读”模式的有效路径

王欣艳

内容摘要：在科学主义倾向严重、文学教育濒于边缘化的今天，倡导学生进行研究性阅读，是高校文学课跳出原有“专家解读”僵化模式，培养具有丰厚情感和健全精神的人才的有效路径。研究性阅读以鼓励学生投入生活、亲身选择、自主选择、主动探究为宗旨。在具体实施操作方法上，可以采用问题式与比较式研究性阅读。

关键词：文学教育；研究性阅读；问题式；比较式

随着时代的不断发展和观念的不断更新，高校对于现代社会的意义也在不断发生变化。“科技进步的‘孵化器’和社会进步的‘加速器’”、现代社会的“轴心机构”……种种赞美之词的得来当然很大程度上归功于高校科研教育契合时代潮流的飞速发展。相形之下，其文科教育游离于社会边缘的“象牙塔”的形象依旧故我而孤傲地肃立一旁。以高校文学课为例，课堂上，专家、教授依然几十年如一日循着作家简介—创作背景—思想内容—艺术特色的套路口若悬河地宣讲着人类灿烂的文化，学生在接受氛围中陶醉于知识之花高贵，思想之果甘醇，然而心灵土壤上智慧之种、创新之树呢？空空如也。这种“专家解读”传经布道式的文学课堂让人不得不怀疑，创新型人才培养、应用型人才培养莫非只限于高校理工科教育？答案当然是否定的。“全面、和谐的教育必然是科学精神与人文精神并重的教育。”那么，在“大学教育越来越大众化，本科强调素质教育或通识教育”的今天，我们的文学教育应该秉持怎样的方向呢？

我们认为，文学教育的目的不是了解外在于人的客观事物，人本身——人对自身生命（也包括类生命）的体验、延展，生命的意义的积极探索与悟得才是其旨归。文学教育“应使学生主体的情感、想象、精神诸内在因素进一步人化，既积极充盈学生个体的人文涵养，又有力弥补人类社会进程中所产生的负面影响”。而这种教育单靠知识的传道式灌输很难做到，必须通过审美体验和审美想象予以实现。与科技教育不同，文学教育不仅具有个性化、创造性特点，而且从“审美只有从艺术审美的对象静观还原于操作行为的主体体验，才是生存（人文本体）论的”来看，它还具有实践性及对话交流特色。相比之下，以文学史带文学作品，一味地将文学史条块分割变成所谓系统的知识、普遍的规律以及添加点作家传记故事一类的佐料的传统讲授法已经落后于时代进步、终极关怀对人文素质、文学课程提出的基本要求了。基于此，笔者认为，高校文学课改革势在必行，而倡导学生进行研究性阅读，是高校文学课跳出原有“布道式”僵化模式的有效路径。

研究性阅读源于“研究性学习”理论。19世纪末20世纪初，应工业化时代和社会民主化的需求，以美国学者杜威、克伯屈等为首的进步主义者倡导进行“研究性学习”。杜威在他的教育哲学名著《民主主义与教育》中提出了“通过解决问题进行学习”和“从做中学”的思想。20世纪五六十年代，以美国布鲁纳为首的教育改革派认为，教育的落后主要在于课程的落后。他们相继提出“发现法”和“探究式学习”方法，推动了课程改革。到20世纪90年代末至21世纪初，在国际竞争日趋激烈的大背景下，世界各国教育改革步伐不断加快，创新型人才培养需求使研究性学习出现了第三次研究热潮。各国纷纷设立了以“研究性学习”为特征的新课程，如美国的“以项目为中心的学习”和“以问题为中心的学习”课程，日本的“综合学习课程”，澳大利亚的“在解决问题辅导课中的合作学习”，等等。从本质上来讲，“研究性学习”是一种新的学习方式，它不告诉学生现成的结论，而是学生在教师的指导下，在一定的学习情境下，自主地发现问题、研究问题、获得结论的过程。研究性课程、教学方式只不过是它在课程、教学上对应的形态。

以“研究性学习”理论为基础，笔者认为，高校文学课应大力开展研究性阅读。这里的“研究性阅读”是指针对高校文学课特点及其教学模式方面的弊端，教师引导学生主动参与文学阅读实践，在体验、内化基础上独立思考、发现问题，主动探究从而得出结论的学习方式。其最终目的不仅仅是培养学生的研究意识、研究能力及创新能力，更重要的是指向文学教育的终极目的——通过这样的学习过程，正确认识复杂现实，深刻领悟到人自身的生命意义。与以往教师布道式教学、学生被动接受知识的方式相比，研究性阅读与研究性学习一样，强调学习主体的主动性、实践性、探究性和创造性。

在研究性阅读的具体实施操作方法上，从学生的认知规律和教育规律出发，课程学习初期采用“问题式研究性阅读”是最适宜的方式。

建构主义学习理论认为，在开始一门课程的学习时，学生并不是脑袋空空进教室，当问题呈现在面前时，他们往往从自己的经验背景出发推出合乎逻辑的假设。“所以，教学不能无视学生的这些经验，另起炉灶，从外部装进新知识。而是要把其现有的知识经验作为新知识的生长点，引导他从原有的知识经验中生长出新的知识经验。教学不是知识的传递，而是知识的处理和转换。”因此，教师不能是简单的知识的呈现者，他应该重视学生的独特感受，洞察他们这些想法的由来，珍视并尊重这些由不同经验背景导致的差异，把这作为学习共同体中宝贵的学习资源。以此为基础，引导学生丰富或调整自己的理解，建构起新的知识。

“问题式研究性阅读”就是以问题为核心，让学生围绕问题讨论解决方案，形成问题链，然后按方案自主阅读，搜寻信息，展开知识建构过程。借这个过程不仅在感性层面上使学生深入文学作品获取审美体验，而且在体验内化的基础上，使学生在理性层面掌握灵活的知识基础和发展高层次的思维技能、解决问题能力及自主学习能力。当然问题设置不仅需要选好新颖的切入角度，难易程度也要循序渐进。

以中国现代文学教学为例，教师首先将学生 5 人或 6 人分成一小组，按照章节内容或通过纸条或运用多媒体手段给每组灵活布置问题式任务，比如一个小组的问题是关于“张爱玲及其作品”的，教师首先出示一个引导性问题：张爱玲小说女性形象的悲剧成因有哪些？然后引导学生围绕问题讨论，结合现有知识经验分析可能原因，形成以主问题为核心的问题链；紧接着让学生自己确立行动方案，检测自己的分析是否正确，最后在完成任务的过程中，进行批判性和创造性的思考，并在与小组其他成员的协商过程中，不断建构自己的知识，在元认知水平上监视自己对知识的建构。研究方式如下图：

主问题	讨论分析	行动方案	结果
张爱玲小说女性形象的悲剧成因有哪些	性格？ 爱情？ 时代？ 命运？	1. 分别阅读张爱玲以女性为主人公的小说，分析其中的女性形象 2. 就读书笔记进行组内交流讨论	

有了前面研究性阅读课开展的基础，后续的研究性阅读课问题可以适当复杂、深入，比如随后的学习中，教师可以通过不同年代教材版本的比较设置这样的问题：从不被言及至大红大紫，“张爱玲热”产生的原因是什么？它给我们什么有益的启示？相比前者，这个问题的涉及面广，不仅有作品，而且有读者、市场、时代等因素在里面。研究方式如下图：

主问题	讨论分析	行动方案	结果
从不被言及至大红大紫，“张爱玲热”产生的原因是什么？它给我们什么有益的启示	其作品有自己的风格特色？ 时代氛围？ 读者需求？ 市场炒作？	1. 阅读张爱玲作品代表作，把握其特色 2. 查阅资料，了解时代因素（产生、发表的时代背景、沉寂的时代、作品火爆的时期） 3. 进行问卷调查，调查其作品读者层次及其心理需求 4. 查阅资料，了解张爱玲作品发行及宣传情况	

随后的第二个环节讨论分析与第三个环节行动方案有时根据需要在交流质疑后可以灵活调整。最后的结果展示里面应该更多呈现出来的是反思和批判性认识。展示的方式应该多样，如可以采取召开读书报告会、作品讨论会、辩论会、校园网论坛、主题演讲、口头报告等形式。

研究性阅读还可以采取比较式，即出于某种需要把两个或两个以上文本放在一起加以阅读、分析、区别。具体比较方式一般有以下几种：

1. 同一作家的不同作品比较。比如将王维的《使至塞上》与《山居秋暝》放在一起，引导学生讨论，确定创作背景、诗歌感情基调、意境等方面的比较方向；然后让学生自主阅读分析、查阅资料，确立观点，从而了解王维尽管是山水田园派，但受盛唐气象及边塞诗风影响也不乏豪壮雄浑之作。

2. 相同题材的不同作家的作品比较。以现代文学为例，朱自清和俞平伯同游秦淮河后，写下了同题散文《桨声灯影里的秦淮河》，可以引导学生讨论确立比较研究的方向，然后深入阅读，比较二者在主旨、选材、语言风格等方面的异同，进而启发学生理解创作者个人旨趣对散文创作的影响。

3. 同一时代、同一地域不同流派作家的作品比较。比如 20 世纪 40 年代解放区小说创作主要有三种样态：一是以丁玲为代表的五四传统的解构与重构，二是以赵树理为代表的民间传统的升华与超越，三是以孙犁为代表的古典传统的承继与现代化。他们以各自不同的艺术走向参与了解放区的文学建构，反映了解放区小说创作的基本面貌。但在政治意识、阶级立场、大众话语等时代要求规范下，三者却经历了不同的命运。引导学生阅读讨论，深入文本研究异同之处，不仅有助于学生文学史及作家作品基础知识的把握，更有助于他们在反思、批判中建构自己的知识，形成个人观点。

运用比较式研究性阅读需要注意的是，将古今中外作品及理论观点放在一起比较，勾勒纵向发展脉络，也是文学史及文学概论教材的常见做法。我们在引导学生时不仅要注意小角度切入，避免常规路径，还应充分利用重组策略，最大程度调动学生阅读学习的内驱力，达到最佳效果。

除此以外，根据研究性阅读在学生中的开展程度，还可以在自主学习能力强、知识面广博的学生小组中引导开展专题式研究性阅读和扩展式研究性阅读等其他形式。

总之，在科学主义倾向严重、文学教育濒于边缘化的当今，在高校文学课上开展研究性阅读，不仅有益于文学课自身打破长期僵化的“专家解读”“知识教育”教学模式，培养具有丰厚情感和健全精神的人才，也是高校实现创新型、应用型、复合型人才培养目标的需要，更是教育“以人为本”健康和谐发展的需要。

参考文献：

［1］杨东平. 大学精神［M］. 上海：文汇出版社，2003.

［2］王升. 研究性学习的理论与实践［M］. 北京：教育科学出版社，2002.

［3］温儒敏. 现代文学基础课教学的几点体会［J］. 中国现代文学研究丛刊，2006. 3.

［4］卫朝晖. 文学美育与研究性教学的理论关系［J］. 山西大同大学学报，2009. 2.

［5］尤西林. 人文学科及其现代意义［M］. 西安：陕西人民教育出版社，1996.

［6］温彭年，贾国英. 建构主义理论与教学改革——建构主义学习理论综述［J］. 教育理论与实践，2002. 5.

基金项目：本文为河北省教育厅2012人文社会科学研究项目“地方高校文学类学科研究型课程的设计与效能研究”课题的阶段性成果，课题编号：SZ123010

以社会主义核心价值观引领高校文学课堂育人方法新实践

韩丽梅

内容摘要：高校作为重要的思想文化阵地，在培养与践行社会主义核心价值观方面负有重要职责。高校文学课堂与高校“两课”一样是承载核心价值观教育的重要渠道。多年的教学实践与经验积累总结出一个规律：“五个运用”的文学课堂育人新方法是创建新型文学课堂，打通高校文学课堂与核心价值观教育的有效途径。“五个运用”的文学课堂育人新方法既体现了融入渗透的育人原则，更实现了润物细无声的教育效果。

关键词：核心价值观；高校文学课堂；“五个运用”

高校作为重要的思想文化阵地，在培养和践行社会主义核心价值观方面负有重要职责。文学课堂与高校的“两课”一样是承载核心价值观教育的重要渠道，而且是更生动的渠道。文学以其诗性和情感性决定了它在核心价值观教育方面的独特优势。高校文学课堂应该回归文学本身，并从教学观念、教学内容、教学模式、教学方法等方面加强大学生的核心价值观培养。

为了达到这一教育目标，受“融入渗透”教育理念的启发，在认真总结过去几年文学教学方法与实践的基础上，笔者结合师范类高校文学教学的实际，探索出“五个运用”教学法。“五个运用”的文学课堂育人新方法是在核心价值观教育的新形势下适时提出的。无论在宏观理念还是在微观做法上，均突出了文学课堂的德育导向性。在文学课堂的整体安排和设计上，着眼青年学生的成长特点和心理年龄特征，潜移默化地实施核心价值观教育，润物细无声地使当代大学生从思想上真正接受正确的思想观点，着力推进核心价值观进文学教材、进文学课堂、进学生头脑，让浸润了核心价值观的教育内容入耳、入脑、入心。

一、运用文学隐性教育法，增强核心价值观教育的渗透力

与显性教育不同，隐性教育具有教育内容的隐蔽性、教育过程的愉悦性、教育形式的开放性以及学生接受教育的自主性等特征。高校文学课堂在传授文学知识的同时，有意识地加大核心价值观教育内容的宣传与教育，推动核心价值观更加完备与成熟地在文学课堂中的呈现，将具有社会主义核心价值观丰富内涵内化为学生的情感态度、人格品质、人生观、价值观和世界观等，并使其在日常生活中外化出来。文学隐性教育主要是以暗示的方法说出严肃的真理，以这样的方式对学生进行教育往往比直截了当地提出更能让学生接受。从心理学的角度讲，这样不仅能削弱学生的逆反心理，还能将文学知识中所蕴含的情感、态度、价值观等内容通过教师有意识、有目的的设置或随机生成的情景教学，让学生下意识地接受教师所传达的内容。文学教育者在讲授文学经典时，注意深入挖掘作品中具有民主、文明、自由、平等、诚信、爱国等社会主义核心价值观内涵的部分，引导大学生揣摩和感悟其中的道理，以此激发大学生以积极健康的态度看待与评判身边的矛盾、社会上的不公等问题，使得核心价值观真正成为大学生看待问题、解决问题的出发点与核心点。

2011 年笔者编写的“践行核心价值观文学课堂教学模式案例库”属全国首创。案例库通过遴选文学课堂所讲授的古今中外的文学经典，凝练核心价值观教育的内涵元素，注重在平日教学中的渗透与输入，从而创新了教育方法，潜移默化地将核心价值观内涵渗透进文学讲堂中，确保核心价值观教育渗透到文学课堂的各个层次和环节。例如在对诸葛亮《前出师表》和《后出师表》的对比讲解中，深入挖掘材料中所蕴含的爱国之情。《前出师表》中说：“臣本布衣，躬耕于南阳，苟全性命于乱世，不求闻达于诸侯。先帝不以臣卑鄙，猥自枉屈，三顾臣于草庐之中，谘臣以当世之事，由是感激，遂许先帝以驱驰。”《后出师表》中说：“臣受命之日，寝不安席，食不甘味，思惟北征，宜先入南。故五月渡泸，深入不毛，并日而食。臣非不自惜也，顾王

业不可得偏安于蜀者，故冒危难以奉先帝之遗意。”最后以“鞠躬尽瘁，死而后已”表述衷肠，字字真切，句句真情。高校文学课堂选取这一类内涵深刻的内容介绍给青年学生，必能培养知恩图报、鞠躬尽瘁的美德，增加青年学生努力学好本领、日后报效国家的豪情。

一部优秀的文学作品就是一本优质的思想教科书。《离骚》是毛泽东终生爱读、百读不厌的诗作之一。文学教育者通过叙述爱国诗人屈原坎坷不平的生活遭际，分析《离骚》中表达的诗人对祖国对人民的无限忠贞，让大学生真正领会中华民族的精神特色与历史渊源，汲取传统文化的给养，感悟“天下兴亡，匹夫有责”的爱国情操。文学课堂上通过介绍鲁迅先生“横眉冷对千夫指，俯首甘为孺子牛”的情怀，引导大学生感悟文学大师将国家、民族的利益摆在首位，为祖国的前途、命运担忧分责，为天下的人民幸福出汗流血的豪情，号召当代大学生加强品德修养，陶冶情操，练就报国本领。俄国作家托尔斯泰的史诗巨著《战争与和平》堪称俄国最杰出的爱国主义长篇小说。作品中描写了一群在国家危难关头主动站出来的普通人民群众，他们不畏艰险、同仇敌忾、浴血奋战的义举，让大学生充分感受到他们的爱国主义和英雄主义精神，深刻感知到人民的力量。高校文学课堂要创新教学内容，真正实现核心价值观占领高校思想文化阵地，成为现今思想文化的创造者、引领者。

二、运用文学议题设置法，增强核心价值观教育的针对性

议题设置通过有目的、有意识地设置不同类型的公共议题，通过学生对议题的思考与探讨，加深对议题的认识与理解，并获得其中重要的内涵。文学教育者在教育过程中，细分文学经典中核心价值观的专题内容，根据专题教育内容的需要，选择或者策划某些具有争议价值的文学热点，引导大学生进行讨论，最终获取核心价值观意义的核心结论。同时邀请专家就议题发表意见，使这些文学议题成为有利于核心价值观传播和教育的公共议题。采取研讨式、辩论式教学方法，让学生在思考和探索过程中获得真知，有助于增强社会主义核心价值观的认同，营造出核心价值观教育的舆论氛围，塑造大学生的心灵。

在创新文学课堂新方法的过程中，“辩学明理”的教学方法是不断探索与尝试的成功范式。所谓辩学明理，是通过一种以驳倒对手观点来证明自己观点、思想为目的学术方法。通过巧妙挖掘与设置有核心价值观内涵的文学辩题，组织学生开展辩学明理的活动，文学教育者潜移默化地引导辩学方向，让大学生在辩学的过程中自己悟出正确的价值，明辨是非，获得真理。文学教育者可结合所从事的专业，巧妙设计辩题。例如文学理论课以“通俗文学比文学名著影响大还是文学名著比通俗文学影响大”为辩题，古代文学课两汉阶段可选“项羽失败的关键是否在‘鸿门宴’”，元明清阶段可选“《水浒传》是否歌颂了农民起义”等为辩题展开辩论。随着议题的设置与辩题的深入探讨，学生在综合运用、归纳、组织、设计的同时，充分调动自身学习钻研的积极性和创造性，收获真理。辩学的文学课堂取代了传统的“一言堂”，创设了以核心价值观为引领的辩学获真知的生动灵活的课堂氛围。

三、运用文学交往式教育法，增强核心价值观教育的实践性

“交往结构”的概念源于德国当代马克思主义理论家哈贝马斯。他把文学理解为一种交往关系，文学是交往理性得以展开的理想场所。文学课堂本身就是一种信息交流的场所，文学的教育是一种典型的人际交往传播。教师、学生、文本、世界这四种具有主体性的要素，只有在相互作用中才能达成应有的意义，而失去了四要素之间的相互联系，每种要素本身就没有了意义。脱离了对文学现实和生存现实的关注，理论就成为封闭的僵化的思想体系。文学交往式教育旨在搭建一个真正民主、平等、自由思索的精神平台，让大学生、文学教育者在文学与人生、理论与现实之间以开放的胸怀、独立的精神去探索文学艺术的真谛与存在意义，去获取智慧的启迪。文学交往式教育就是要克服文学脱离生活的程式化弊端，引领大学生回归实践，走向生活，体验温情，释放生命灵性，建设精神家园。文学教育者应该联系大学生的思想实际，通过对文学作品的分析，挖掘文学经典的当代实践价值，在文学教学中渗透社会主义核心价值观教育，让学生体会其现实精髓，逐步实现用核心价值观去引导大学生价值观、人生观、世界观的形成。

文学教育者可以采用课下阅读、自主评阅等多种教育方法，有针对性地

组织文学读书会、文化休闲沙龙，引导大学生自觉对文化、思想、艺术价值进行考察，通过自我反省、自我评价、自我重塑，得到心灵净化，形成一种高尚的人格精神。文学教育者也可以引领大学生走访名人作家故居，游历名山大川，释放大学生身心，提升其审美趣味，开阔学生的视野。放眼全球，关注世界，对培养大学生正确的世界观起着至关重要的作用。

四、运用文学赛训结合教育法，增强核心价值观教育的延展性

增进文学课堂的赛训结合的教育法，用赛训结合的方式，以核心价值观教育为引领，以知识竞赛为导向，以知识拓展为目的，替代单纯授课的培养模式，鼓励大学生以较强的意愿投入其中，并通过比赛获取大学生对文学有益知识的领悟与认识，获得有核心价值观意义的体验与感受。赛训结合通过巧设赛制、激发参与、深度思考、总结收获等环节，引导学生由易到难、循序渐进地完成一系列教学任务，优化教学效果，提升核心价值观教育的延展性。赛训结合——赛中学、赛中练、赛中提升，可以增强学生学习的积极性与主动性，增强大学生提升自我的热情与动力，激发大学生积极进取的斗志。如开展弘扬正能量的征文比赛、经典诗文朗诵比赛、文学知识竞赛等文化活动，以新颖亲切、学生爱听爱看、乐于参与的形式，把社会主义核心价值观与大学精神、校园文化建设有机地结合起来，引导转化为学生的日常价值观和生活实践，进而植根于他们的思想意识深处，进一步营造爱国敬业、创新乐群的浓厚氛围，使核心价值观的培育、践行生动具体。

五、运用教研互动教育法，增进核心价值观教育的成果化

文学教育者应结合高校文学课堂的专业特点，实现核心价值观与现有教学内容的有机融合，研究使核心价值观教育具有吸引力、感染力、针对性、实效性的内容与方法，深入思考文学经典作品的思想艺术价值，创造性地运用核心价值观理论指导文学研究的方法问题，上升到理论层面，形成有价值特色的科研成果。同时鼓励、支持教师将科研成果带进文学课堂、融入教材、丰富教学内容，进一步促进教学改革与发展，让大学生在文学课堂教学中自觉接受核心价值观的熏陶，从而实现核心价值观教育的成果化。

中央发布的《关于培育和践行社会主义核心价值观实施意见》提出，“把培育和践行社会主义核心价值观融入国民教育全过程”。文学课堂育人新方法通过文学教育的特殊方式，真正实现核心价值观渗透到校园生活的方方面面，实现核心价值观占领高校思想文化阵地，成为现今思想文化的创造者、引领者。在文学教学中，文学教育者应该具有核心价值观培育和民族文化建设的使命意识，深入挖掘文学经典的当代价值，只有在文学经典的讲授中融入创造性的理解和有选择的、有针对性的阐释，从根本上实现创新文学课堂模式，才能更好地发挥高校文学课堂生动鲜活的育人模式，使文学课堂育人新方法成为积极探索有效的社会主义核心价值观教育的新途径。

参考文献：

［1］王民治. 高校推进社会主义核心价值观教育探析［J］. 云南财经大学学报，2011. 3.

［2］郑凤. 认知、认同、践行社会主义核心价值观——大学生社会主义核心价值体系教育路径研究［J］. 福建教育学院学报，2011. 2.

［3］柳克方. 价值认同与大学生核心价值体系教育［J］. 辽宁师范大学学报，2011. 4.

［4］董淑平. 隐性教育：高校以人为本的德育模式［J］. 安徽理工大学学报，2010. 3.

关于应用型人才培养目标指引下高师古代汉语教学的思考

王桂珍

内容摘要：地方性本科大学的人才培养目标是培养应用型人才，在这一办学目标下，古代汉语学科教学如何进行相应的教学改革来落实和达成这一培养目标，并培养出高素质的应用型人才，是我们不断思考和探索的问题。

关键词：师范院校；应用型人才；培养目标；古汉语学科教学

随着高等教育规模的扩大，本科教育已经从学术型的精英教育走向应用型的大众教育。我校作为一所地方性高等师范本科大学，人才培养目标定位为“理论与实践并重，成人与成才并举，培养具有较强创新能力和发展潜力、符合地方经济社会发展需要的应用型人才”。作为一名教师，如何在学科教学中落实并达成这一应用型人才培养的目标，是我们在教学实践中不断思考和探索的问题。

首先，要进行课程目标的调整和改革。古代汉语是高师本科院校汉语言文学专业的一门专业必修课。原国家教委师范司曾在 1991 年的《汉语言文学教育专业教学大纲》中明确古代汉语课程的学习目的是“掌握古代汉语基础知识，提高阅读古籍的能力，批判继承古代文化遗产，并运用有关知识进行文言文教学，提高中学文言文的教学水平”。二十多年过去了，我国的高等教育已经得到了长足的发展，由学术型教育向应用型教育的转型已经成为本科阶段教学的新目标。因此新形势下古代汉语学科教学的课程目标也要与时俱进，做出相应的调整和改革。一方面坚持教育部的既定目标，同时又不能完全为之所局限。应用型人才除了要具备良好的专业素质，还必须有健全的人格、良好的品德。鉴于此，古代汉语学科的课程目标还要突出对学生综合素质的培养，完善其人格，提升其人文素养。

其次，要采取行之有效的教学方法和手段，保证教学过程中的目标达成。应用型人才培养中要注重学生综合能力的培养和训练，使之渗透到教学的全过程。尤其要关注大学生的就业和职业发展，注重提升学生的实践能力。就高等师范院校而言，学生就业的主要方向是中小学教师，公务员、事业单位的某些职位也是他们求职、就业的方向。因此专业素质和技能及综合能力的培养都不可或缺。为此教学中我们需要进行一些教学方法和手段的改革。

第一，提倡协作性学习。协作性学习是一种综合能力的训练，旨在改变教师一言堂的僵化教学模式，把课堂的自主权交给学生，让他们真正成为学习的主人，而不是被动的接受者。这种教学方法主要训练学生自主获取知识的能力以及沟通交流能力，培养团队意识和相互间的合作精神，不管学生走出校门从事何种工作，这都应是他们具备的基本素质与能力。具体到教学中，我们会在课堂上就某一问题展开讨论和交流，教师对学习过程进行指导，提出适当的问题以引导学生思考和讨论。以选文《季氏将伐颛臾》的学习为例，课前将学生分成六个讨论小组，教师提示学生按不同的任务板块如季康子与三桓、孔子与《论语》、文字与词汇（古今字、通假字、异体字、词类活用、多音多义词）、语法与修辞（判断句、宾语前置句、代称、引用）等进行阅读学习，发现问题，查找资料，解决问题，最后小组成员共同制作多媒体课件以备课堂展讲。之后六个小组各推荐一名成员在课堂上展讲，教师对展讲学生的教态、展讲内容、展讲语言的组织及课件的优劣进行点评。这一方法极大地调动了全体学生的学习积极性和主动性，促使小组成员之间分工合作。课堂展讲时，组与组之间对某些问题有辩论、有碰撞，收到了令人惊喜的效果。协作性学习方法既锻炼了学生自主学习的能力，又培养了其相互合作的意识，同时查找资料、制作课件、登台展讲培养了他们动手动脑的能力，对学生来讲也是一种教学素质的培养，可谓一石三鸟。

第二，引导思辨性学习。培养新型的应用型人才，不仅要使学生掌握知识和技能，更重要的是培养学生的思辨性，逐渐养成他们独立思考的能力和勇于创新的品质。教师不能照本宣科，学生也不能唯教师是听，唯教材是从。

要培养学生理性思考的能力，让其有独立思考的空间。比如教学所用郭锡良、唐作藩等主编的《古代汉语》教材中的有些选文，其课后注释就有某些可商榷之处。教学中要引导学生加以分析，指出教材中的错误与不足之处，鼓励学生提出自己的观点和看法。以选文《钴鉧潭西小丘记》的学习为例，有一句“则贵游之士争买者，日增千金而愈不可得”，其中教材注释为：“贵游之士：泛指显贵。”显然这个注释是不恰当的，但我并未直接指出，而是布置了一个课后练习：查阅《辞源》，列举出“贵”的义项，并说说在本句中的意义和用法。然后在课堂上进行讨论，让学生自己发现注释的错误所在，比较“贵”的多个义项及用法，发现课文注释将“贵”译为“显贵”义，显然是简单地把它看作一个形容词，未能正确理解句子的意义。“贵”在此处当是形容词活用作意动，即“以……为贵”，是“喜爱、崇尚”之意，因此“贵游之士”正确的解释应该是：以游玩为贵的人们（或崇尚游玩的人们）。教学中这种对教材、对权威的质疑会有效地引领学生在学习中进行独立思考，增强反思与批判意识，有助于养成其独立人格和追求创新的良好品质。

第三，注重人文精神的养成。应用型人才培养不仅是对大学生专业素质和能力的养成教育，更应是健全人格、良好品德的养成教育。成才先成人，大学生只有具备了健全的人格和良好的品格修养，才能真正成为对社会对国家有用的人。古代汉语学科在大学生的人文精神的养成中可谓有着得天独厚的优势。其教材内容既有涵盖了各个历史时期优秀作家作品的选文，又有通论中精选的具有哲理性的名言语料。这些均可使学生透过表象的语言文字，感受古圣先贤的风范、德操，在他们的弘毅载道、家国忧思中感受崇高、浸润灵魂。如学习《报任安书》，学生就会对司马迁在宫刑之辱的巨大痛苦中，坚持创作“究天人之际，通古今之变，成一家之言”的《太史公书》而心生敬意，敬佩他在残酷命运面前的坚韧不屈，更会为古代士人这种强烈的历史使命感和担当精神所深深震撼和感染。这无疑会引导他们向往理想和崇高。教师更要在教学中促其反思当代大学生应担负的责任和使命，培养他们一种勇于担当的精神。同样在古汉语基础知识的教学中也有许多充满哲理、有教化意义的例句供我们选用。如，学习介词“以”的用法，就选取“勿以恶小而为之，勿以善小而不为”“士不可以不弘毅，任重而道远。仁以为己任，不亦重乎？死而后已，不亦远乎”作为例句，既以此说明了语法现象，又浸润了品德。而这种教化是贯穿于整个的古代汉语教学过程中的，对学生人文精神的养成无疑起到了润物无声的作用。

总之，应用型人才的培养，不是某一个学科凭一己之力可以实现的，也不是一朝一夕可以完成的，而是一个专业中各学科的相互配合形成的合力作用。它需要每一位教育者秉持一种责任心和使命感不断地研究探索，以期更快更好地培养出高素质的、具有创新精神的、符合地方经济社会发展需要的应用型人才。

参考文献：

［1］别敦荣．大学教学方法创新与提高高等教育质量［J］．清华大学教育研究，2009．8．

［2］汉语言文学教育专业教学大纲［S］．国家教委师范司，1991．

［3］杨东平．大学精神［M］．上海：文汇出版社，2003．

打造活力高效的古代汉语课堂

王金萍

内容摘要：古代汉语课程既是语言知识课，又应成为传统文化传承平台、人文教育养成平台、实践技能训练平台。古代汉语课程中应突出“以文化为载体，以技能为导向，以学生为主体”的思路构想，打造从课上到课下、从理论知识传授到实践能力训练等多方位涵盖的综合性课堂。

关键词：古代汉语；课堂组织；技能训练

古代汉语作为高等院校中文专业的传统必修课程，给人的感觉往往是枯燥难懂，满纸“之乎者也”，令很多学生视为畏途，以致教学效果难以保障。面对这种现状，究其原因，笔者认为传统的片面强调学科知识的教学理念亟待改进。不可否认，文言文早已远离这个时代，而大部分学生学习了古汉语知识后，也未见得就会去遨游于传统典籍的书山文海。那么，如果我们在古汉语教学中再只是片面强调这一学科的工具性，脱离了现实生活，势必很难引起学生的学习兴趣。实际上，古代汉语课程是一座巨大的宝库，我们应该引领学生循着语言本体知识的小径，探寻里面隐藏着的辉煌灿烂的中华文明，体悟传统道德情感的熏陶，培育宽广的胸怀与高远的志趣，并获得语言文字功底的锤炼。

毋庸讳言，当今的高等教育已不再是精英教育，而是越来越大众化。我们的人才培养、课堂教学均应着眼于学生今后的实用需求，以应用型人才培养为指导方针。在这一方针的总体架构下，古代汉语课程更应突破皓首穷经、老生常谈的藩篱，在教学内容、教学方法上有所舍取，使学生能将学过的知识真正拿来为我所用。中文专业学生今后的求职方向，大致包括中小学教师、企事业单位文员、服务行业从业者等。作为教师，在课程设计中应该考虑到这些因素，重点加强文化传承的色彩（培育学生的精神内涵）、文言文教学技能的训练（适应未来教学工作所需），以及文字表达能力的提升（中文学生的基本素质要求）。为达到以上目的，笔者遵循“以文化为载体，以技能为导向，以学生为主体”的思路构想，进行了以下思考和实践。

一、精心组织课堂用例，旁征博引，善于取舍，形成知识链接式辐射，使课堂成为综合课堂、文化课堂，增强传统文化传承色彩

古代汉语课程提供了一扇与古人对话的窗口，要使这扇窗口开得更大，教师应在课本知识的基础上，有意识地选取、运用优秀例句，通过这些优秀例句的讲解，不但让学生掌握语言本体知识，更重要的是向学生揭示例句背后蕴藏的深厚文化内涵，进行润物细无声式的传统文化与道德教育。

但这方面我们还比较薄弱。以通论部分为例，侧重于进行单纯的语言语法常识传授的传统做法仍然是主流，授课时对于例句的选择往往是只着眼于语法现象，信手拈来，注重语法点的展示而忽略了思想性。究其原因，不外乎以下两个方面。

一方面是受到教材的限制。考察现有的教材，在课本例句的选择上往往乏善可陈，只求体现出语法点而没有更高的要求。如连词“而”，课本中共使用了 24 个例句，不可谓不全面，但其中多为“美而艳”“执其手而与之谋”“太后盛气而揖之”等缺乏经典性、厚重感的例句。

另一方面，这也受到教师教学理念的限制。教师如果充分发挥自身的能动性，便能弥补我们上面所提到的教材编写上的一些缺憾，使古汉语课程变得更加意蕴悠远。实际上我国是一个典籍文献异常丰富的国家，这其中不乏名言警句，只要稍加整理，相信数量也会非常可观。瓶颈在于，教师往往会认为古代汉语课就是语言课，把语言知识充分传达就可以了，至于传统文化的传承、道德情操的培养，自然有其他的课程去完成。

但我们不能忘记，“师者，所以传道授业解惑者也”，其中“传道”先于授业。在课堂上，不但要教书，更要育人。面对当今社会，育人这一话题更加具有现实意义。我们知道，当今的中国正处于一个经济飞速发展、社会剧

烈变革的时期。相对于硕果累累的经济建设，文化、道德领域的低迷已成为一个严重问题，长此以往，构建和谐社会的理想将难以实现。尤其是在高校中，体现出来的种种问题更是令人深思。有的学生从小生长在优越的环境里，以自我为中心，缺乏集体观念；有的学生依赖心理过强，缺乏责任感，不能正确地认识自己、认识社会；有的学生过于怯懦，性格孤僻，难以沟通；有的学生叛逆张扬，缺乏对传统价值观念的认同，甚至离经叛道……种种状况不一而足，再联想到近年来频频发生的校园极端事件，更是令人痛心疾首。不得不承认，当代大学生比起以往具有更多的优势，也具有更大的压力，这时如果不能对其予以及时、必要的人生观教育与心理疏导，那么势必会出现很多问题。因此，教师的课堂教学必须担负起这一使命，完成塑造当代大学生美好内心世界的重任。而具体到古代汉语课程，我们要认识到，该课程的优势是它立足于我国具有几千年历史的传统文化，在课程中一定要突出这一鲜明的特色，时时刻刻联系到传统文化与道德情操的浸染、传承。

怎样充分地发挥优秀例句的作用呢？笔者试以自己的实践进行说明。像古汉语虚词，这是通论部分的一个重点，也是一个难点，副词、代词、介词、连词、语气词等词类，数量繁多，语法知识密集而单调。这时如果只是以虚词的语法作用为切入点，满足于课本知识的传达，讲清作用一二三四五，那往往会枯燥乏味。而学生在密集的语法知识轰炸下，印象往往也不会太深刻。但如果我们跳出课本，有意识地去选取既具有语法代表性，又具有深刻文化内涵的例句来辅助教学，使“虚词搭台、文化唱戏”，那么就可以激发学生的学习兴趣，同时还进行了传统文化的教育，可谓一举两得。例如前文提到的连词“而”，笔者在课堂教学中针对它曾经选用过《论语》里面的几个句子：用于联合结构，如“见贤思齐焉，见不贤而内自省也”（《论语·里仁》）；用于偏正结构，如“放于利而行，多怨”（《论语·里仁》）；用于主谓结构，如“士而怀居，不足以为士矣”（《论语·宪问》）。这样的例句实际完成的不仅是语法知识的表达，更是通过讲解进行传统文化道德的浸染：“见贤思齐焉，见不贤而内自省也”告诉学生应具有自我反省的精神，时刻以他人为鉴，学其长而避其短；“放于利而行，多怨”告诉学生我们一切行为的目的都不应该基于追逐利益，否则往往会事与愿违；“士而怀居，不足以为士矣”告诉学生一个真正的士子应胸怀远大，而不以营营私利为念。这里的每一句话都闪耀着我们民族深邃的思想火花，传达着如何立身处世的道德教化，向学生展示着一个更为丰富的文化视野。

总之，教师在课堂上如果持之以恒，每节课都给学生一些有益的补充、一些拓展开的解说，那么对于学生来讲是受益匪浅的，对于传统文化的传播也是大有裨益的。当然，要真正实现这一目标，要求教师首先具有渊博的知识和强烈的责任感，只有这样，才能积极地去搜寻、运用有益于学生的精神食粮。值得注意的是，在选例范围方面，我们应尽量以《论语》《孟子》等具有代表性的古代典籍作为基础，旁征博引、去芜存菁，在文化传承、道德教化的框架之下，依据语法点的需要，搜集具有思想性、哲理性、教育性的例句，使原本松散的用例形成体系，成为有力的教育工具，增加课程的信息量和道德教化职能。

二、结合中小学课本内容组织教学重点，划定学习讨论小组实施自主学习模拟授课，使学生得到文言文教学技能的训练

师范专业的学生都怀有一个教师梦，希望今后能在三尺讲台尽情挥洒。从中小学语文教育的现状来看，文言文教学是必不可少的教师职业技能。而且随着传统文化的复兴及人们对国学的重新认识，文言文篇目可以预期在教材中占据越来越高的比重。因此，古代汉语课堂上应有意识地强化文言文教学技能的训练。

高校古代汉语教学现实中面临的一个普遍问题是在校生普遍感到古代汉语课难学，语言障碍难以克服，多数学生对这门课程只是浅尝辄止，专业功底并不扎实。这种状况如果不能尽快改变，我们的毕业生在中学的文言文教学中将难以胜任对中学生“导”与“引”的教学工作。

再以当前中小学教材中背诵的古文篇目为例，如《兰亭集序》《陈情表》《报任安书》《滕王阁序》《前赤壁赋》《谏太宗十思疏》《子路曾皙冉有公西华侍坐》等篇目，现本科生在原初高中教材中均未曾接触过，而我校所选取的古代汉语教程中也未全部覆盖。为了让学生了解自己的水平，笔者曾要求同学们在两节课里独立翻译《兰亭集序》，可以查阅工具书作为辅助。从完成情

况看，许多同学翻译得很吃力，翻译的情况不理想。在讲评中，当同学们得知这篇文章是高中第一册的课文时，感触很深，比较清楚地看到了自己古代汉语功底的不足。这就引发了学生的危机意识和求知欲望，激发了学生学习的主动性。

作为教师，应主动着眼于学生今后的教学需求，致力于在课堂上提高学生的文言文阅读能力和理解能力。这需要多方面知识与能力的融会贯通，文字、词汇、语法、修辞、音韵、训诂、古代文化知识等缺一不可，而激发学生的主动性、以学生为主体则是有效的途径。可尝试如下做法。

首先要做到以学生为主体，激发学习主动性，有针对性地改变教师满堂讲、学生被动听的单纯传授知识型的课堂教学模式，使学生真正成为课堂教学的主体。教师可以从改变古代文选阅读课的课堂教学模式入手，让学生参与教学活动，真正成为课堂教学的主体。目前古代汉语课程都是大班上课，古代典籍的阅读，即语言的实践活动仅靠课堂提问，多数学生不能得到锻炼，师生交流也有较大的困难。为此，笔者利用古代汉语课程试行开设了讨论课，以自主、合作、研究性学习的原则和方式，将全体学生按座位就近分成 20 余个讨论小组，以 5—6 人为一个小组对典籍内容进行译解、分析、讨论，小组解决不了的疑难问题，教师当即进行指导；对于有普遍性的典型问题由教师筛选写上黑板，集中解答。一堂讨论课可使多数学生得到锻炼，提高课堂教学的效率。这种方法促使学生动脑动口译解、分析古文，能帮助学生提高思维能力和口头表达能力，也是一次小小的授课演练。

其次要注意大学古代汉语课教学与中学文言文教学内容的衔接。古代汉语课程课时有限，一般教师在教学中都会有所舍取。基于此，在授课中教师应以学生今后的实用导向为原则，主动调整教学内容。例如，学生在初高中阶段已涉及的内容，如文字、词汇、语法等章节，学生有一定的基础，也意味着今后学生的教学工作中会用到，因此在授课中应将其作为重点，拓展知识深度，突破疑点难点，并设置练习内容，以练带讲，务求使学生做到深入理解、灵活运用。对初高中阶段没有学过的内容，如互文、并提、变文、变序等理论知识，则将重点放在知识介绍，使学生了解基本知识，不必强求深度。对于音韵学、训诂学等难点内容则视学生的学习意愿，有兴趣的学生应予以特别辅导，而普遍性的要求侧重于概念理解即可。对于诗词格律知识等应用性较强的内容，则应特别强调应用能力的培养，通过课堂教学和练习，要求学生不仅掌握基本概念和知识，而且要具备熟练分析、鉴赏古典诗词的能力。更进一步的要求，则可指导学生写作古诗词，以进一步提高鉴赏和创作能力。笔者在所任课的班级中，每学年都会布置古典诗词写作任务。学生开始并不适应，抵触情绪和畏难情绪很大。在老师的坚持下，每个人都开始了并不情愿的起步。但在写作中，大部分学生还是逐渐找到了兴趣点，文字虽然稚嫩，热情却很高。更有部分学生自发创作，拿着自己的习作主动与老师探讨，进一步加深了对古诗词的理解与鉴赏能力，丰富了文学素养，也锤炼了自己的文字功底。

三、讲读写结合，讲评引路、诵读感悟、动笔强化，最终落实为学生口头和文字表达能力的提升

良好的口头和文字表达能力是中文专业学生应具备的基本素质，也是今后工作中必备的职业技能。表达能力的培养不应局限于专业的写作课程，各个科目都应有意识地加以贯通。古代汉语课程的优势在于，凝练、优美、准确正是古文的独有魅力，教师可借助文选赏析提高学生的阅读品位，并通过写作练习提高学生的表达技巧。

首先，在文选讲读中，教师不应局限于语言知识的讲解，而要充分解析出语言技巧在文章表达中的重要作用。例如，古文中最常用的两种修辞方式对仗和排比，使用之后使文章显得整齐而富有气势。古文中丰富的典故、成语资源也是一笔宝贵的财富，适当使用足以让文章增色。文言文优美凝练、富于文采的文风，正是通过这些表达技巧而形成，在教学中应反复强调，引导学生体会其中的美感，并引导学生思考在现代文的写作，尤其是应用文写作中值得吸取的地方。

其次，适当增加诵读内容，强化语感，锻炼表达。俗话说“书读百遍，其义自见”。诵读法在我国自古以来的文言文教学中始终深受重视。值得注意的是，自 2000 年开始，教育部颁发的语文课程教学标准便提出了朗读和背诵的要求，2011 版新课标更是增加了 14 篇背诵篇目，同时明确提出“诵读古代诗词，阅读浅易文言文，能借助注释和工具书理解基本内容。注重积累、感悟和运用，提高自己的欣赏品位”。可以认为，这实际是向传统文言文教学方法的一个“回归”；联系时代大背景，也可以看作传统文化复兴的一个缩影。

从教学实践来看，中学语文教学界的很多名师都非常重视诵读法教学。如余映潮先生“美文美教”教学法之一就是“从朗读的角度处理课文，将课文视为一篇不可多得的朗读材料，让学生在朗读之中体会到文章的铿锵之声、音乐之美；体会到文章的起承转合、急迫舒缓；体会到文章的气势、神韵、风格……”同时，余映潮先生又认为“朗读指导技能”恰恰是中小学语文教师职业技能中最薄弱的环节，必须加强修养。

随着中小学教学中对诵读法重视度的提升，我们的课堂上也必须加强这方面的训练。这样做的目的，不仅着眼于今后的教学工作需要，更重要的在于，对学生而言诵读是一个非常重要的分析、理解、记忆的心理过程，通过诵读可以创造语言环境，培养语感，从而由内而外地提高审美及表达技巧。正如著名语言学家郭绍虞所说：“写作的文辞，假使和口语相接近，那么不必借助于诵读。离口语愈远，那么学习的方法也就愈需要诵读。”通过诵读，帮助学生进一步体会文言文表达的内在节奏，感悟古文凝练、骈偶之美，将之一步一步内化为自己的语感和表达习惯，这不失为一种行之有效的好方法。

再次，可以开展教师指导下的古文写作，使学生真正动手，在词句推敲之中体会文章的凝练之美，锻炼自己的文字表达能力。笔者所任课的班级，每学期会布置 3—4 次古文写作练习。在写作要求上，遵循循序渐进原则，从最初的 80—100 字，增加到 100—200 字，再增加到 200—300 字，最后一次可自由写作。最初布置作业的时候，学生基本都会哗然，深感不能完成。而从其第一篇习作也可以看到，基本上学生们缺乏语感、不懂句法、词汇贫乏，甚至只能称之为枯燥版的白话文。这时就需要老师细致地批改和辅导，有时甚至通篇改动一遍。逐渐地，学生的习作由生造词句、强加“之乎者也”，到慢慢变得有感觉、句法能较为恰当的使用，甚至偶尔会出现精辟的小句子。变化的过程明显反映了古汉语知识在具体使用中逐步理解、巩固的过程，也使学生感到了成功的快乐。更重要的是，通过练习古文写作所培养出的精准表达能力、精练写作风格，会对学生产生潜移默化的影响，使他们长久受益。

总之，古代汉语课程的综合性与包容性应成为它独具魅力的特色，因此，我们要以学生为主体，在讲通讲透文化语言知识的基础上，适当强化训练，使之成为“文化训练课”，真正达到教有所用、学有所成。

参考文献：

［1］张忠华. 论影响我国大学教学模式变革的因素及对策［J］. 河北师范大学学报，2011. 8.

［2］方明. 陶行知名篇精选［M］. 北京：教育科学出版社，2006.

［3］余映潮. 语文教学设计技法 80 讲［M］. 广州：广东人民出版社，2014.

浅谈古代汉语课程的目标定位及教学实践

李　艳

内容摘要：为了适应当前就业形势的需要，高校古代汉语课程的目标定位应适当做出调整和转向，应为使学生具有从教能力、说写能力、创新能力和阅读古籍的能力服务，并在教学实践中有效践行。

关键词：古代汉语；目标定位；教学实践；能力

古代汉语是高校中文专业的传统课程，自中华人民共和国成立之初在高校开设以来，已历经半个多世纪的风风雨雨。很多前辈学者对于该课程的教学目标和教学模式进行了多次研讨和定位，基本上明确了古代汉语课程的教学目标，确立了目前这种以通论为主体、结合文选讲授的教学模式。王力先生在其主编教材《古代汉语》中指出本课程的目的是“培养学生阅读古书的能力”。郭锡良在《古代汉语》教材中指出：“学习古代汉语的基本目的是为了增进读者阅读古书的能力，批判地继承古代的文化遗产……推进社会主义语言科学事业的发展，是我们学习古代汉语的又一个重要目的。”从传统教材看，古代汉语课程的教学目的几乎都定位于培养学生阅读古籍的能力。郭锡良版本的教材中增加了一条：学习古代汉语，对于提高运用和分析现代汉语的能力、推进社会主义语言科学事业的发展有益。传统教材关于教学目标的定位都是从宏观上做了一个整体的把握，目标过大，培养对象偏重于学术研究领域，而且仅仅把该门课程作为阅读古籍的工具，从工具性方面谈得比较多，反而忽视了它的应用性。

在当前新的形势下，为了适应地方性、区域性经济文化发展的需求，为了提升大学毕业生的就业竞争力，我校作为一所地方性师范院校，古代汉语课程的教学目标应及时地做出适当的调整。我校的办学宗旨是为地方性、区域性经济文化的发展服务的，我们的毕业生将来大多也都留在本地从事各行各业的工作。针对这一实际情况，古代汉语课程的教学目标也应由传统向新形势下的需求转变，调整为在系统学习理论知识的基础上，着重培养学生的从教能力、说写能力、创新能力和阅读古籍的能力，为区域经济文化发展服务，培养切实有用的高效人才。在教学实践中，我们应该积极有效地培养学生的这“四种能力”。

一、通论教学注重培养学生的从教能力

从近十年我系毕业生的就业去向来看，从事教育工作的占了绝大多数。其中，专科学历的毕业生大多到市、县、乡镇等各级小学从教，本科毕业生大多到初中或高中做语文老师。在初等教育中，无论是小学还是中学的语文教学，很多知识和古代汉语息息相关。从教人员必须在大学阶段语言课程的学习中打下扎实的基础，才能够胜任初等教育的教学工作。

高校古代汉语课程的基本教学内容分成通论教学和文选教学两大部分，通论教学又包含文字、词汇、语法、语音、古注和修辞几个模块。其中，文字、词汇、语法是教学的重点，语音和古注是教学的难点。文选教学是古代汉语教学的实践和应用，是把通论部分所学的知识融会贯通地运用到文选的学习中。

识字教学是语文启蒙教学中非常重要的一个环节，教会孩子们认识汉字、掌握汉字的结构、工整地书写汉字，是每一位小学语文老师的职责所在。在低年级阶段，老师要引领孩子们学习象形字，认识象形字的构形特点，体味汉字之美；到了中高年级，孩子们要逐渐学会辨识会意字和形声字，能够简单理解它们的构形特点。中学语文教学中，“六书”的应用就更加明显了。初中生在已经认知大量汉字的基础上，需要对汉字形体的发展演变、汉字结构有一个系统、全面的认知。这些知识都是我们古代汉语课程的教学重点，隶属文字模块。我们在处理这部分教学内容的时候，除了系统知识的传授，还应该更多地结合中小学语文教学的实际情况，对教学内容做出相应的调整。

可以发动同学们深入到中小学语文课堂，了解实际汉字教学情况，发现问题，解决问题；也可以鼓励同学们自己准备一节汉字教学课进行实践教学，从而培养他们的从教能力。

现在很多小学都设置了国学课程，开设了《弟子规》《三字经》等经典诵读课。我们的文选教学可以适当增加一些延伸性阅读，选择《弟子规》《三字经》《龙文鞭影》《幼学琼林》等古代的蒙学教材做专节重点介绍，让同学们对这些传统经典有一定的了解和认识，为以后的职业生涯奠定基础。

中学语文教材古典诗文比重越来越大。中学文言文教学是中学语文的教学重点，也是中考、高考的重要考点，占据很大的分值。中学文言文教学要求学生掌握一些基本的语法常识，掌握通假字现象，能够阅读浅易的文言文。语法模块是我们高校古代汉语课程的教学重点，也往往是学生学习的难点，很多同学一提语法就头疼。我们首先要把古代汉语的语法体系给大家梳理清楚，然后让大家了解古代汉语语法和现代汉语语法上的不同点，而这些不同点也恰恰是我们高校教学的重中之重。讲授语法常识的时候，尽量多选取中学语文教材上文言选文的例句进行分析。语法讲完后，可以将同学们分成几个小组，分别选取不同的中学语文教材中的文言文，对全篇的语法现象做出分析研究。这样既巩固了理论知识，又为以后的从教奠定了基础。中学阶段的古典诗歌教学，更注重的是对诗人的了解、对诗歌所体现的思想感情的解读，虽然对诗歌的韵律、平仄不做要求，但是中学生如果能够多了解一些关于诗歌体裁形式上的特点，就能够更好地感知诗歌的韵律美、音乐美，便于学生的诵读和记忆。同样，我们讲授语音模块中的“诗律”这一章节时，也尽量选用中学语文教材中引用的古诗进行韵律、平仄分析。

从我系毕业生的就业去向看，服务于地方性、区域性中小学语文教学，培养学生的从教能力应该成为我们地方高校古代汉语课程最主要的教学目标，我们的教学实践环节也应围绕这一目标进行相应的调整。

二、文选教学注重锻炼学生的说写能力

我院毕业生，除了从事教育行业外，还有相当一部分学生进入房产中介或各类销售企业，每天的工作是接触不同的客户，了解他们的需求，推销自

己公司的商品。这样，语言表达能力就成为非常重要的一项基本素质。还有学生去政府机构和各类型的中小企业、公司、教育机构等，在那里从事着文秘、档案管理等工作，这些工作总是离不开文案的撰写。简单说来，就是“说”和“写”的能力。“说”和“写”成为中文专业毕业生必不可少的两项技能。“能说会道”“能说能写”都是用人单位比较看重的方面。如何言简意赅地表情达意，如何写出不同文体要求的各类文书，都是需要我们在日常学习中慢慢积淀的。我们的语言课堂应该重在培养学生“说”和“写”的能力。尽管古代汉语课程并不要求大家会使用古代汉语这种语言，但是古人在表情达意上往往言简意赅，说理透彻，写得一手好文章。古人的论说艺术值得我们现代人学习。古代汉语是现代汉语的源头，现代汉语是由古代汉语发展而来的，学习古代汉语，对于理解现代汉语中文字、词汇的演变发展有着实际意义，对于规范使用现代汉语有重要作用。学好了古代汉语，能够让我们提高使用现代汉语的技能，能够很好地表达出自己的观点。

无论是起草政府公文报告，还是撰写企业规划发展文件，都需要注意语言的正确使用，根据不同行业使用不同的语言术语，言简意赅，学会使用艺术的语言表情达意。这一点我们从古人的文章里能够学到一些方法和技巧。《古代汉语》教材中的很多选文都非常经典，文笔犀利，有着高超的论辩艺术，如李斯的《谏逐客书》。李斯在自身面临被驱逐的境遇下，毫不慌乱，奋笔疾书，写下流传千古的谏书，使得本来已下定决心驱逐客卿的秦王心服口服、收回成命，不仅缓解了个人的职业危机，还帮助秦王纠正了执政上的偏颇，为秦国的强大奠定了基础。李斯在谏书里开门见山，直接表明观点，彰显了一名法家弟子的犀利；之后通过引用历史事实，多次正反对比论证，层层铺排，最后讲得秦王心服口服。李斯的论说技巧值得我们当代人学习。

在文选教学中，除了对文章字词句的翻译之外，更要注重学生对文章的诵读，鼓励学生多读经典、熟读经典，更好地体味古人的行文技巧、论说艺术，在这种潜移默化的学习和积淀中提升自己的表达能力，提高“说”和“写”的能力，为将来更好地从事文字、文案、销售类工作奠定基础。

三、实践、讨论法培养学生的创新能力

创意策划类工作也是我院毕业生的一个就业去向，这就需要学生具有一定的创新能力。而创新能力是对一个人综合素质的考量，是一个较高层次的要求。具有一定的创新能力才会有好的创意，才会在创意策划类工作中发挥优势，如鱼得水。

好的创意离不开文化本质，好的策划方案需要有一个核心文化内涵。古代汉语是现代汉语的源头，源远流长，博大精深，承载着我们中华民族古老的文明与文化，是我们民族的文明之源。现行《古代汉语》教材，无论哪一版本都从多角度彰显了我国古代灿烂多姿的传统文化。只有对传统文化了如指掌，才能在创意工作中融入文化元素，做出符合中国特色的高品质的创意文案。我们都看过 2008 年北京奥运会的开幕式，它的成功归功于张艺谋团队对传统文化元素的灵活运用，这样的团队一定是深谙中国传统文化的。

“汉字的结构和形体演变”是文字模块的教学重点，传统的教学模式中，我们只能给学生板书一些例字的古文字形体，由于课堂时间限制，举例有限，学生对于甲骨文、金文、篆书的形象性认知少之又少。借助多媒体技术后，我们可以在课堂上利用课件给大家展示更多汉字的古文字形体，可以将一个汉字形体演变的过程展示出来，可以借助汉字的古文字形体来进一步阐释这个字所蕴含的文化意蕴，可以利用图片、视频来进一步加深同学们对汉字文化的理解，让大家在生动形象的教学中体味到学习汉字结构的乐趣。比如我们可以从网上找来中央电视台制作的一个关于汉字的纪录片《史说汉字》给同学们放映；可以找到北京奥运会开幕式的视频，让大家感受开幕式上所蕴含的中国传统文化元素。我在课上讲象形字的时候，曾举过一个创意与文化的例子。沧州本地一家房地产公司天成地产，曾经用过这样一句广告语：“天成明月洲——鼎级住宅”。在这个案例中，我首先让同学们探讨了这句广告语有没有用错字。大家一致认为“鼎级”的“鼎”应该换成“顶”。然后我们一起分析了“鼎”这个字的含义。这是一个象形文字，甲骨文的“鼎”字就是画了一个“鼎”的样子：一只三足两耳的鼎。商周时代，随着冶炼铸造技术的发展，青铜器成为这一时代的象征，青铜鼎成为国家的礼器，象征了权力、

尊贵、盛大、显赫。最后同学们一起讨论了这句广告语“一字之差”的妙处。前几年房地产行业广告宣传语明令禁止诸如“至尊”“王者”“皇家”等奢华、炫富、浮夸式的词语出现，以免误导消费者，给人造成贵贱尊卑的等级感。在这样一个语境下，天成地产的广告语将一个平凡的“顶级”换成“鼎级”，一字之差，既没有违背国家的规定，又彰显了该项目的高端大气。这是一句非常棒的广告语，这个创意里面就暗含了很多文化的因素。

无论是通论教学中的例句选择，还是文选教学，很多都和我国古代优秀的传统文化发生联系。我们在教学实践中注意把握这些文化元素，同时可以引领学生一起分析实际生活中的广告案例、文化创意等所蕴含的文化内涵，或者让大家结合文化内涵自己做一个创意文案，这样既能很好地传授知识，提高同学们对古代汉语课的兴趣，又能培养他们在实践中的创新能力，为将来从事相关工作奠定基础。

四、文献探究法引导培养学生阅读古籍的能力

自从学校升本以来，我院的考研成绩一直是令人振奋的，这也极大地鼓舞了后面的同学，激发了大家考研的热情。针对将来需要考研的同学，我们的课程在讲解基本理论知识的前提下，还要适当地对一些问题进行拓展深入，必要时可以给学生推荐不同版本的教材以及更加专业的理论文献，让他们根据自己的兴趣课后阅读，进一步探究更深层次的问题，拓展专业知识。比如讲判断句的时候，关于古代汉语判断词“是”是何时出现的，郭锡良版本教材使用了传统的观点，认为是汉代以后才出现了判断动词“是”，但是通过近些年来的考古发现及研究，这个判断词“是”出现的时间还能往前提。讲到人称代词复数表示法的时候，可以和现代汉语人称代词复数形式做比较，会发现一个很大的差别在于“们”缀的有无，那么这个“们”是从哪里来的，是什么时候产生的，这些都可以作为知识的拓展介绍给同学们，让他们课后查阅相关文献资料，找到答案。这样一来，学生在学习的同时还能激发好奇心，提升学习兴趣，发掘他们自主探索问题的潜力。

我院作为一所地方性师范院校，培养的学生未来绝大部分都会在本地就业，为本地区的经济文化发展做出贡献。那么我们古代汉语课程的教学目标

也应该结合我们本地区域经济文化的发展做出更加具体、明确的定位，由传统教学目标修订为“在系统学习理论知识的基础上，着重培养学生的从教能力、说写能力、创新能力和阅读古籍的能力”，为区域经济文化发展服务。在教学实践环节我们要结合古代汉语课的教学现状，整合课程资源，以汉语的人文性特点为轴心深化改革，以研究性学习方法为主导探索古代汉语课程新的教学模式，培养学生分析、解决问题的能力和创新精神，将古代汉语的理论应用于实践中，使该课程成为对学生的职业规划和终身发展有益的课程。

参考文献：

［1］蒋冀骋. 知识·思维·精神——《古代汉语》教材编写后记［J］. 湖南师范大学教育科学学报，2013. 1.

［2］许华. 关于古代汉语课程教学理念转化与教学方法多元化探索的若干设想［J］. 教育教学论坛，2012. 5.

［3］沈红宇. 古代汉语课程内容体系与教材改革刍议［J］. 教育观察，2013. 8.

微课介入古代汉语课堂教学的思考

药丽霞

内容摘要：在单一的教学模式下，古代汉语的教学任务和教学内容难以有效完成，为此可尝试引入微课教学以弥补课堂教学之不足。作为一种新型教学资源，微课具有目标单一、内容短小、形式灵活、结构良好的特点，将其运用于《郑伯克段于鄢》一文的课前、课中和课后，不仅可以提高课堂教学效率，还可以满足学生自主学习、个性化学习的需要。

关键词：古代汉语；课堂教学；微课

在国外，“微课”这个概念并不陌生，它最早由美国新墨西哥州圣胡安学院高级教学设计师、学院在线服务经理戴维·彭罗斯于2008年秋首创。这个概念提出之后，在国内基础教育领域受到了普遍关注。近几年来，国内也有不少教育研究者、一线教师对微课进行了研究或实践。尽管学者们对微课的定义尚未形成定论，但作为一种新型教学资源，人们对其有一个基本的认识，即微课是以视频为主要载体，反映教师针对某个知识点或教学环节而开展的简短、完整的教学活动。运用微课教学，对教师而言，将革新传统的教学与教研方式，教师的电子备课、课堂教学和课后反思的资源应用，将更具有针对性和实效性；对于学生而言，微课能更好地满足他们对不同知识点的个性化学习、针对性学习以及随时学习的需要，是传统课堂教学的一种重要补充和资源拓展。

一、古代汉语教学研讨

（一）教学任务分析

古代汉语是汉语言文学专业的一门必修课、基础课。传统的教学任务主要有二：其一，增进读者阅读古书的能力，批判地继承古代的文化遗产；其二，可认识现代汉语和古代汉语之间的继承发展关系，提高现代汉语的语言修养，增强运用和分析现代汉语的能力。当前教育形势下，结合教学的实际需求将以上内容分解开来，该课程的教学任务可具体化为以下三个方面。

第一，系统了解古代汉语课程体系，掌握文言文基础知识。

第二，培养学生阅读古书的能力、分析文言现象的能力以及文言文教学能力。

第三，将古代汉语作为国学教育的重要窗口，让学生批判地继承古代的文化遗产。

古代汉语教学要兼顾知识—能力—情感三个层次。古代汉语的教学过程，不仅要培养学生的识记和理解能力、实践能力、创新能力和教学能力，还承担着通过传统文化的熏陶完善学生的情商和健全人格的重任。

在学习古代汉语的过程中，我们固然想为学生搭建知识传授、能力提升、情感升华的桥梁，但在现实的教学过程中，却不尽如人意。首先，单一化的教学模式无法做到人尽其才。课堂教学以集中传授知识为主，不可能兼顾每个学生，帮助其根据自身兴趣、学习能力、职业取向选择学习层次，从而达到因材施教的目的。其次，既定的教学周期无法做到学尽其用。知识在经过系统讲解后，如果没有安排必要的练习或拓展阅读与思考；或者是即使有安排，但没有一定的监督机制，适时与学生形成互动与交流，那么学生汲取到的只是一堆僵化的、平面的知识，而非传统文化的精髓。现在已去古甚远，如果古代汉语课程只是学生了解古代语言的工具，起不到提高自身能力与修养的目的，那么它将失去存在的价值。

（二）教学内容分析

教学任务要依托教学内容来实现。古代汉语在教学过程中，一般采取的是文选、通论相结合的教学模式。教材中文选取材广泛，篇目起自先秦迄止明清，散文、诗歌皆有涉猎；通论部分系统介绍文言基础知识，内容包括文字、词汇、语法、修辞、语音等方面。如此庞杂的内容要在既定的课时内完成，让学生掌握，实非易事。在实际教学过程中问题往往集中体现为文选和通论如何兼顾。理论上来说，作为一门语言学课程，语感培养更为重要，大量的文选讲解和诵读是学习的基础，因此古代汉语教学应以文选为主，古代汉语常识为辅。但在实际教学中，恰恰是厚此薄彼。

近年来，为扩大学生自主选择权，高校全面缩减必修课时，增加选修课时，古代汉语课程由原来的每周 4 学时缩减为 3 学时。为此，前期的教学计划往往选择优先完成基础的通论知识，文选很多篇目以自学为主。教材文选大多注解不详，依学生的水平，往往只能了解其大意。所学理论不能应用于文言阅读，更谈不上理解，这并非语言学习的目的。从另一角度来看，教学中一味赶进度，进行灌输式教学，多种活动无法展开，使课程本身的趣味性和人文性大打折扣。久而久之，其后果就是课堂僵化，学生谈“古”色变，认为古代汉语难学、枯燥、不实用，因而兴趣不大。

由此我们发现课堂教学已然不能满足教学的需要，亟待引入新的教学模式，为课堂教学注入新元素，而微课的出现，为我们带来了一线曙光。

二、微课介入课堂教学的优势

（一）目标单一

课堂教学主张以教师讲授为主，知识覆盖面较广，但课堂缺乏灵活性，重难点不易突出。而微课则目标单一，指向明确。微课主要是为了解决课堂教学中某个知识点（如教学中重点、难点、疑点内容）的教学，或是反映课堂某个教学环节、教学主题的教与学活动。因此微课的应用阶段可以是课前、课中和课后，在不同阶段要达成的应用效果也较明确。

（二）内容短小

传统课堂教学内容充实、详细，学习者能学习到完整的知识体系，但若不能有效利用，则影响教学效果。微课“短小精悍”，时间一般控制在 10—20 分钟之间，其内容是教师依据微课目标，学生学习情况、准备应用的具体阶段等教学实际，有针对性地对教学内容进行综合加工而成。微课内容短小、主题突出、相对独立，将有助于提高学生的注意力；若将其应用到课后实践和拓展中，将有助于兼顾到学生的个性需求。

（三）形式灵活

微课以视频格式为载体，传播范围广、接受程度高、传播成本低、互动参与性强，广泛分布在桌面软件、浏览器和智能手机、平板电脑等移动智能终端上，这些对于教育领域的无论是教师还是学习者来说，都是天然的优势。与传统的教学模式相比，这样的微课让学生有了更大的自主权和拥有感，微课的开放性以及后续补充与开发的潜力也为教学应用带来了巨大的灵活性。

（四）结构良好

微课是以视频为载体将某个知识点或与教学主题相关的教学资源做结构化组合，并将教学资源与教学任务、教学活动、教学环境之间建立有意义的关联，形成一个主题突出、资源有序、内容完整的结构化资源应用环境。微课情景化、趣味化、可视化的特点，特别适合学生个性化、自主学习。

由此看来，如果将微课作为在线教学以及课堂教学中课程教学的组件和资源来使用，将会使传统教学模式中教师为主导的优势和微课中学生为主体、使学生化被动为主动的优势互补起来，推动教育改革的步伐。如果将其应用到古代汉语教学中，则可以有效补充课时有限、课程内容古板庞杂、学生学习主动性差、教学任务难以达成等不足。

三、微课在古代汉语教学中的运用

我们以《左传》开篇《郑伯克段于鄢》一文的教学实践为例进行探讨。

教学任务：第一，知识目标。了解《春秋》《左传》等相关文化常识，把握文章基本内容和相关的文言知识。第二，能力目标。结合时代背景读懂文义，熟练掌握春秋笔法与常见的文言现象。第三，情感目标。学会用现代意识评价历史人物、评论作者的写作意图；培养正确的道德情操和伦理观。

教学设想：这篇课文拟在 3 学时内完成。教学中体现出语言与文化并重的理念。语言教学力求严谨、细致，具体到每个字词句；文义的理解要结合时代背景，深入挖掘。教学中将语言、历史、文化与我们现代的生活紧密联系，激发学生的学习热情，以古喻今，达到学有所得、学有所感的目的。

教学重点：文言基础知识的掌握和运用。

教学难点：春秋笔法以及郑庄公的权谋和手段。

为达成以上教学任务，在课堂教学的基础上，微课在整个教学活动中体现在课前、课中和课后三个阶段。

（一）课前背景导入

本次微课安排在课前，学生自学，时间15分钟左右。

《左传》的开篇便是《郑伯克段于鄢》，一个讲述“多行不义必自毙”的故事。它是春秋首年，即鲁隐公元年记载的第一件大事，也是唯一一件关乎战争的事情。在《古文观止》中，该文也被列于首位。这种编排，固然与它发生年代较早有关，但显然赋予了其一定的文学意义。

本次微课将以《走进〈郑伯克段于鄢〉》为题，介绍事件发生的背景，以及有关《春秋》《左传》的相关文化知识。讲解中列举其在《史记》《春秋》《公羊传》《穀梁传》中的记载，让学生了解历史上对这一事件的看法与评价，探讨在列国纷争、群雄并举的时代背景下，兄弟之间、母子之间亲情与利益的激烈冲突。引导学生从不同角度思考母子三人的做法体现出的是一个怎样的社会现实，我们每个人又应持有一个怎样的伦理观。

在对文言文本进行解读的基础上，有文化渗透，也有理性思考。结构的开放性，使得学生可以对其中的文言、文化、社会进行不同层次的拓展。

（二）课中难点分析

本次微课安排在课中，教师引导，学生自学，时间10分钟左右。

文中第二段出现了我们耳熟能详的成语“多行不义必自毙”，这句话出自郑庄公之口。对于这个现代看来具有贬义色彩的成语，其产生之初意义耐人寻味。

本次微课将以《多行不义必自毙》为题，探讨春秋笔法与郑庄公的权谋和手段。讲解中挑选文中推动情节发展的代表性的句子进行组合分析。庄公一句“姜氏欲之，焉避害”，之后又感慨一句“多行不义必自毙”，最后一句“子姑待之”。其态度由最早的无可奈何，到之后的静观其变，发展为最后的胸有成竹。我们通过对事件本身和庄公态度的分析，让学生认识到庄公这个人物的丰富和复杂性。在郑国历史上，郑庄公是一位英明君主，受人敬仰；

但在家族中，是庄公一步步纵容和诱导其母亲和弟弟陷入万劫不复的边缘。表面上，《春秋》和《左传》在记述史实，对人物本身未做评价，但字里行间透露出作者的褒贬态度，这便是“春秋笔法”。

这次微课让学生了解到历史的复杂性。常言“读史以明志，读史以修身”，历史绝不仅仅是故事本身，我们真正应该看到的是背后的人性和社会。

（三）课后巩固拓展

本次微课安排在课后。通过将微课上传至微信公众平台订阅号，学生观看视频自学，之后通过微信讨论分享，视频时间10分钟左右。

本次课选择的资料是《左传·晋灵公不君》，主要目的是进一步理解春秋笔法的运用，锻炼学生的文言实践能力。《晋灵公不君》是《左传》中的著名篇章，晋灵公是晋襄公之子、文公之孙，是中国历史上有名的暴君。该文文不甚艰、故事生动、剪裁得当、叙事流畅，人物形象饱满、性格鲜明，较鲜明地体现了春秋笔法。

在讲解中，仅对原文中的重点字词进行解释，对文句不做翻译。课末安排讨论问题：文言文字句翻译及古代史官春秋笔法、秉笔直书的文化内涵。随后组织讨论学习。

这些做法是自己对微课教学的初次实践，学生反响很好。其优势体现为微课教学使文言知识立体化，学生学习兴趣大增，课堂教学效率提高，课堂气氛也活跃了很多。但缺点也较明显，由于微课以自学为主，教师的引导和视频的制作水准就显得尤为重要。因此课前需要教师做大量工作，对目标设定、选题角度、视频设计、互动讨论以及考查监督等环节进行精心设计。

参考文献：

［1］胡铁生，黄明燕．我国微课发展的三个阶段及其启示［J］．远程教育杂志，2013．8．

［2］苏小兵，管珏琪．微课概念辨析及其教学应用研究［J］．中国电化教育，2014．7．

［3］郭锡良．古代汉语［M］．上海：商务印书馆，2004．

应用型人才培养模式下的理论课教学方法探究

——以语言学概论课程为例

许艳丽

内容摘要：作为新建本科院校，我校以培养地方性应用型人才为目标，这样，一些应用性不强的理论课程面临着难堪的处境，学时减短，空间压缩。如何在新的人才培养模式下体现理论课的价值作用，是教学工作者不得不思考的问题。本文以所教课程语言学概论为例，探讨理论课程在应用型人才培养模式下的有效教学方法及其发展方向。

关键词：应用型人才；培养模式；语言学概论；对策

一、引言

适应社会主义市场经济发展的需要，作为培养人才的高等院校，从“精英化”转向“大众化”，一大批应用型本科应运而生。到 2013 年 5 月，经教育部批准设立的新建本科院校多达 349 所。这些院校大多是通过不同的组建方式实现“专升本”，以培养服务于区域经济发展需要的高层次应用型人才。我校于 2010 年经教育部批准，升级为应用型本科院校，升本之初，我校就制订了“地方性、复合型、应用型”的人才培养方案，确立了“培养大量能够扎根中小城镇及农村，敬业爱生、教学能力强、有一定科研能力的优秀师资和能够投身区域经济建设，爱岗敬业、能力突出、务实创新的高素质应用型专门人才”的目标。在新的人才培养模式之下，课程作为人才培养的基本环节，必然要做出调整和改革，于是增设实用型课程、缩减理论课程的授课时数便提上了日程。像语言学概论这样理论性、系统性、专业性、逻辑性强的基础学科逐渐被边缘化，处境尴尬。如何在新的人才培养模式下体现理论课的价值作用，是教学工作者不得不思考的问题。本文以所教学科语言学概论为例，探讨理论课程在应用型人才培养模式下的有效教学方法与发展方向。

二、语言学概论课程的现状

（一）处境尴尬

语言学概论是高等院校汉语言文学专业一门重要的必修理论课程，它是语言学理论的入门课，具有专业性、基础性和理论性强的特点。该课程阐述的是语言学的基本理论和基本方法，对于培养学生分析、解释语言现象，提高学生的语言能力具有重要的指导意义。

语言学概论是在现代汉语、古代汉语等课程的基础上，将学过的语言概念、语言知识和语言理论加以系统化，为深入学习和研究语言学相关课程奠定基础。因此该课程被列为汉语言文学专业十门专业必修课之一。其学科地位是毋庸置疑的。

在应用型人才培养模式之下，像语言学概论这样的纯理论课程由于专业色彩过于浓厚，理论性过强，除了一部分想考研继续深造的学生更多关注之外，大多数面临就业的学生，由于该课程在实际工作中不能直接发挥作用而不用心学习甚至忽略。而像秘书学、实用语言技巧、演讲与口才、社交礼仪等课程，由于其较强的实用型而受到学生的青睐，学生可以借助于这些实用性的知识帮助自己很快进入到工作的环节。在这一现实背景之下，语言学概论的学科地位与新时期人才培养目标相冲突，使得这一基础理论课处境尴尬，大有被应用型课程取代的危险。

（二）课程内容缺乏新意

其一，我校语言学概论教材采用目前广泛使用的叶蜚声、徐通锵的《语言学纲要》，虽然现行教材经过了王洪君、李娟老师的修订，但整体理论框架仍然是以索绪尔《普通语言学教程》为基础，其中没有反映新时期转换生成语言学、认知语言学和功能语言学等流派的观点和最新的研究成果，课程内容缺乏新意。

其二，语言学概论课是在现代汉语、古代汉语等专业语言学基础上开设的理论课，侧重于介绍人类语言的理论知识，从宏观上探求语言的各种理论问题，而现代汉语则关注汉语本身语言事实：两学科关注的范围不同，重点不同。但在实际的教学过程中，两学科的有关语言理论体例是重叠的。因此，在学习语言学概论时，学生有重复学习的疑惑，课程内容缺乏新意。

（三）教学方法单一

目前语言学概论的教学过程，基本上还是以教师讲授为主，之所以有这样的选择，是基于学科特点的要求。语言学概论理论性、逻辑性、系统性较强，基础理论、基础概念较多，且抽象难以理解，学生刚开始接触，理解起来有一定的难度，以教师教授为主，有助于学生系统、有条理地理解教学内容。但是这种单一教学方法的弊端也是显而易见的，它忽视了学生学习的主体作用，其结果便是教师讲得口干舌燥，学生记得手眼酸疼，课堂气氛沉闷，教学效果欠佳。

三、语言学概论在实用型人才培养模式下的作用

在建设应用型本科院校，培养实用型人才的过程中，像语言学概论这样的理论课程绝非可有可无，而是有着重要的指导作用。诚然，培养应用型人才应该增加学生的实用性课程，以提高他们的实践能力，但不应该片面强调“实用”，过分强调“学以致用”，也需要开设一些理论性强的课程。我的理解是：应用型人才应该是在一定理论规范指导下，从事非学术研究性的工作，其任务是将所学应用于实践。他们的长处不仅在知识的应用方面，而且在理论的创新领域也常给人以启示，尤其是应用型人才开展的应用性研究，更是离不开学科理论的指导。

学习的目的就是运用，有直接运用和间接运用之别，有立竿见影和远期效应之分，浅显的技能和学识往往是一看就懂、一学就会，能够在短时间内看到成效，但不利于人才的长远发展，因为他们缺乏坚实的理论基础。间接运用的长效知识，虽然学习起来难度大些，但它是厚重的，可以使人走得更长远。像语言学概论这样的理论课程在应用型人才培养中的作用便是如此。学校作为人才成长的摇篮，不应该仅仅定位为社会的“服务站”，而应放眼开

去，不放松对学生的专业要求，理论课程和应用型课程不能偏废。

四、语言学概论理论课程的发展方向

面对语言学概论的课程现状，结合教学实际，以及该课程在应用型人才培养模式下的作用，笔者对语言学概论课程的发展方向有一些粗浅思考，整理如下。

（一）加强学科建设，丰富教学内容

不同层次的高校，学生的水平不同，学校对学生培养目标也自然各异。应用型本科院校的语言学概论必须与学校的定位同步。围绕着应用型人才培养，努力做到理论与实践相联系，一种语言理论只要讲清楚就可以了，无须过分深入探究；对于语言学流派有一个大概的了解即可，不必一一详说。学科的重点应该放在如何将理论应用于实践，如何用理论来解释语言现实，如何用理论来指导实践上。

丰富课堂内容，将语言学在新时期的最新研究成果引入课堂教学中来，让学生能够了解语言学的研究动态，从不同的角度认识语言，把学生较为熟悉的方言语料运用到语言学的教学中。以此语料阐述语言学的理论，会使学生感到亲切，容易理解。如在讲授“语音·声调·入声”时，由于语言的发展演变，入声在普通话中已经消失，只存在于各地的方言之中，并且在不同地域的实际发音并不相同，于是分别请来自石家庄和邯郸等地的学生做示范，这样既化解了知识难点，又使学生感到亲切、生动，印象深刻。

（二）改进教学方法，课堂内外结合

课堂教学中，努力做到以学生为主体，虽然语言学概论课上教师的讲授必不可少，但不可忽略学生是学习的主体，“授人以鱼不如授人以渔”。教师的“教”是为了不教。讲授的过程就是培养学生提出问题、分析问题、解决问题的过程，努力激发学生的学习热情，真正使学生成为学习的主体。

针对语言学概论课时缩减的事实，一方面教师可以根据课程内容做适当的删减；另一方面，可以延伸课堂到课外，将课内讲授与课外实践、学习材料与课外阅读结合起来。这样既引导了学生自学，提高了学生独立思考的能力，又减少了学生对教师、课堂教学的依赖，从而将学生学习从课堂延伸到课外，提高了课堂效率。

总之，在应用型人才培养模式下，如何充分认识理论课的作用，架构理论课和实践课恰当的比例，是新时期应用型本科院校共同面临的问题。作为应用型人才，一方面要有过硬的技能，以适应行业对人才的要求；另一方面也要有坚实的理论基础，绝不可忽略了理论课程的学习。只有这样，才能成为社会所需要的真正合格的应用型人才。

参考文献：

[1] 沧州师范学院关于加强应用型人才培养工作的实施意见 [S]. 2012.

[2] 岑运强. 语言学概论 [M]. 北京：中国人民大学出版社，2004.

[3] 陈润生. 探索汉语言文学专业应用型人才培养的思路 [J]. 佳木斯教育学院学报，2013. 5.

[4] 姚小烈. 应用型高校纯理论课程的困境和对策 [J]. 皖西学院学报，2011. 8.

现代汉语课分层教学应用策略

范　铮

内容摘要：现代汉语课是沧州师范学院文学院的专业基础课，在汉语言文学（本科）、语文教育（专科）、文秘（专科）三个专业同时开设。现代汉语教学应当立足应用型人才培养，紧密结合不同专业的特色，针对本科、专科不同层次，明确教学目标，规划教学内容，改革教学方法，提升教师素质。

关键词：现代汉语；教学；应用

现代汉语课是高校中文系的专业基础课。本课程的设置旨在使学生在语言习得的基础上，提高理解、分析、运用汉语的能力，为以后从事语文教学、汉语言文字应用打好基础，同时也能培养学生良好的语言素养，全面提升其综合素质。目前，现代汉语课在我院汉语言文学（本科）、语文教育（专科）、文秘（专科）三个专业同时开设。笔者认为，现代汉语教学应当立足应用型人才培养，针对不同的授课对象实行分层教学。分层次，有两方面含义：一是分本科、专科，二是分不同培养方向。

一、结合培养目标有针对性地规划教学内容

培养目标决定教学内容，我们在授课时，应紧紧围绕教学目标，科学规划教学内容，与专业特色对接，突出实用性。

高校汉语言文学专业（本科）主要培养具有汉语言文学的基本理论、基础知识和基本技能，能够胜任中等学校语文教育教学科研及其他语言文字工作的专门人才。也就是说，师范类汉语言文学（本科）主要就是培养中学语文教师或语言文字工作者。而语文教育专业（专科），主要是培养小学语文教

师。师范性是这两个专业的共同属性或本质属性。因此，对于这两个专业的现代汉语教学，要突出师范特色，讲授内容要与中小学语文教学对接，为中小学教学服务。我院现在使用的现代汉语教材是《现代汉语》（黄廖本），内容分为语音、文字、词汇、语法、修辞五大部分，本着“适用”“实用”的原则，我们根据《义务教育语文课程标准》（2011年版）的课程目标及内容，针对不同层次的教学对象，有针对性地选择现代汉语的讲授内容。

现代汉语与《义务教育语文课程标准》（2011年版）课程目标及内容对照表

现代汉语教学内容	1—6年级（小学） 课程目标与内容	7—9年级（初中） 课程目标与内容
语音：语音的性质、语音单位、汉语拼音方案、声母、韵母、声调、音节、音变、朗读和语调、语音规范化	学会汉语拼音，熟记《汉语拼音字母表》；能读准声母、韵母、声调和整体认读音节；能准确地拼读音节，正确书写声母、韵母和音节；能用普通话正确、流利、有感情地朗读课文；学说普通话，逐步养成讲普通话的习惯	能用普通话正确、流利、有感情地朗读
汉字：汉字的性质、汉字的特点、汉字的形体、汉字的结构、汉字的笔顺、汉字的整理、汉字的标准化、使用规范汉字	掌握汉字的基本笔画和常用的偏旁部首，能按笔顺规则用硬笔写字，注意间架结构；学会用音序检字法和部首检字法查字典、词典；有较强的独立识字能力；累计认识常用汉字3000个左右，其中2500个左右会写	能熟练地使用字典、词典独立识字，会用多种检字方法；累计认识常用汉字3500个左右；在使用硬笔熟练地书写正楷字的基础上，学写规范、通行的行楷字，提高书写的速度
词汇：词的结构、词汇单位、词义的性质、词义的分类、词义的理解与词的运用、义项、义素、语义场、同义词、反义词、词义和语境的关系、基本词汇、一般词汇、熟语（成语、惯用语、歇后语、谚语）、词汇的发展变化和词汇的规范化	结合上下文和生活实际了解课文中词句的意思，在阅读中积累词语；积累自己喜欢的成语和格言警句；在写话中乐于运用阅读和生活中学到的词语；能联系上下文和自己的积累，推想课文中有关词句的意思，辨别词语的感情色彩，体会其表达效果	在通读课文的基础上，理清思路，理解、分析主要内容，体味和推敲重要词句在语言环境中的意义和作用

续表

现代汉语教学内容	1—6 年级（小学） 课程目标与内容	7—9 年级（初中） 课程目标与内容
语法：语法单位、词类、短语、句法成分、句型、句类、几种常用句式、修改病句、复句、标点符号的使用	认识课文中出现的常用标点符号；在阅读中体会句号、问号、叹号所表达的不同语气；根据表达需要，正确使用常用的标点符号；学习修改习作中有明显错误的词句；修改自己的习作，并主动与他人交换修改，做到语句通顺，行款正确，书写规范、整洁	随文学习基本的词汇、语法知识，用来帮助理解课文中的语言难点；讲述见闻，内容具体、语言生动；复述转述，完整准确、突出要点；根据表达的需要，借助语感和语文常识，修改自己的作文，做到文从字顺
修辞：修辞和语境、修辞的作用、词语的锤炼、句式的选择、修辞格（比喻、比拟、借代、夸张、双关、反语、对偶、排比、顶真、对比、反复等）、辞格的综合运用、修辞常见的失误与评改、语体	初步感受作品中生动的形象和优美的语言；积累课文中的优美词语、精彩句段；讲述故事力求具体生动、诵读优秀诗文，注意通过语调、韵律、节奏等体会作品的内容和情感；口语表达有条理，语气、语调适当	了解常用的修辞方法，体会它们在课文中的表达效果；在口语交际时注意表情和语气，根据需要调整自己的表达内容和方式，不断提高应对能力，增强感染力和说服力

语文教育专业（专科）学制短，课时少，学生基础较差，一般只考虑培养实用型人才。专科学生毕业后主要面向小学就业，以下知识是需要掌握的：汉语拼音方案，音节中的声母、韵母、声调；常用字的读音、书写、正确使用；词汇和词汇的构成，同义词、反义词等；词类、短语，单句、复句；修辞与语境、常用辞格等。可以弱化理论知识的讲解，学生理解和掌握一般的基本概念即可，不需要再加以扩展，关键是能解决小学语文教学中的实际问题。例如，小学语文教学中 Y、W 是作为声母，而汉语拼音方案中的声母表中却没有这两个声母，要告诉学生，这是为了使小学生便于理解和掌握语音知识而采用的一种变通的方式。在汉字教学时，要严格按照小学语文教学最新笔顺笔画要求讲解，避免课程所学内容与小学语文教学实际脱节。

汉语言文学专业（本科）学生，一部分毕业后从事中学语文教学工作，另一部分学生则选择读研究生继续深造。因此，该专业将对学生实施本科教育与研究生教育相衔接的培养计划，以培养高水平的汉语言文学的教学和研究人才。我们在汉语言文学（本科）专业进行现代汉语教学时，既遵循教学大纲的要求，按照教材系统讲述基本的知识点，夯实基础，同时在教学内容上有所拓展，体现出教学的广度和深度。在教学时，我们有选择地给学生介绍相关学习领域的最新研究成果，运用新的语言学理论分析语言现象，开拓学生视野，为学生将来就业或继续深造打下扎实的理论基础。例如，在系统讲授语法知识之前，我会给学生介绍传统语法、结构主义语法、生成语法等不同的语法学理论体系，增加学生的知识面；在讲述修辞中的“比喻”辞格时，引入当前热门的认知隐喻学的理论，让学生知道，隐喻不仅是一种辞格，还是一种认知世界的方法等。

文秘专业的人才培养目标是培养具有较强的写作、沟通能力，能够胜任党政机关、企事业单位文秘工作的高素质技能型人才。“秘书”这个职业，通俗的说法就是要嘴皮子、摇笔杆子的职业。对该专业毕业的学生，我们并不要求他们从事这门学科的理论研究或去教现代汉语，而是要求他们具有较强的口语和书面语言表达能力，简单讲就是能说、会写。因此，文秘专业的现代汉语课，应以知识应用为本，以培养学生在今后工作岗位中实际所需技能——标准的普通话、良好的口头表达能力和较强的语言文字运用能力为首要目的。教师要对授课内容进行取舍与规划，不要过分强调知识的完整性和系统性，理论知识所占比例不能过大，要突出本课程实用性的特点，重点培养学生“说”和“写”的能力。例如，语音部分的教学应该弱化声、韵、调等理论知识的讲授，而将重点放在对学生进行有针对性的发音辨正练习，培养学生运用标准的普通话进行口语交际的能力。文字部分的教学重点应该是汉字的标准化与规范化，因为文秘工作的一项重要内容就是文书的撰拟与处理。词汇部分的教学重点是词义的理解和运用，教学中可适当增加公文中常用词语的特定用法与要求的介绍和讲解，将文秘专业知识渗透到现代汉语的教学当中。

二、结合专业特色选择不同的教学方法

汉语言文学（本科）与语文教育（专科）专业培养的是中小学语文教师。

为提高师范生的教师技能，我们的现代汉语教学可采用参与式教学法。对现代汉语中较浅显的内容，可以实行角色互换，让学生按照教学大纲要求思考、整理必要的教学内容，让他们当一回老师。例如，在学习现代汉语中的修辞格时，我让学生从中小学语文课本中选取例句进行讲解。中小学语文课文都是文质兼美的文章，有很多修辞格的运用。学生在讲通感辞格时选取了《荷塘月色》中的“塘中的月色并不均匀；但光与影有着和谐的旋律，如梵婀玲上奏着的名曲”。讲排比辞格时，选取了《桂林山水》中的“漓江的水真静啊，静得让你感觉不到它在流动；漓江的水真清啊，清得可以看见江底的沙石；漓江的水真绿啊，绿得仿佛那是一块无瑕的翡翠”。讲拟人辞格时，选取了《春》中的“小草偷偷地从土里钻出来，嫩嫩的，绿绿的”等。采用参与式教学法，让学生以中小学语文课文为例进行分析讲解，关注中小学语文教材、教法，可以使学生领会到学习汉语知识的实用价值，将所学知识与将来的教学实践有机地对接起来。这样既学习了现代汉语中的知识，又锻炼了学生的教学能力，突出了教师技能的培养，对他们今后从事中小学语文教学工作大有裨益。

汉语言文学（本科）的学生与专科生相比，素质较高，有一部分学生毕业后会选择继续深造。在现代汉语教学中，可以采用探究式教学法，有意识地对学生进行科研能力的培养。探究式教学是在教师的启发下，以学生独立自主学习和合作讨论为主，使学生将所学知识应用于解决实际问题的一种教学形式。学生科研能力的培养，是国家发展战略对应用型、创新型人才的要求。鼓励大学生参与科研就是要让他们在科研活动中发现新问题，分析并解决这些新问题，在不断发现和解决问题的过程中找到自身的兴趣点，进而明确将来考研或就业的方向。教师在探究式教学中，可以尝试采用多种教学方式。比如，我们可在系统地学习了现代汉语知识和基本理论的基础上，精心设计一些探究性的问题，要求学生自主搜集材料，撰写发言提纲，先分小组讨论，再选代表做交流发言，最后形成学术小论文。在探究式教学中，我们还尝试着将辩论的方式引入到教学中来，开展“精博辩学”活动，通过精湛、广博的激辩，加深对所学知识的理解和把握，以辩促学，对知识进行探究性思考。

文秘专业侧重学生实践能力的培养，可以尝试使用实践教学法。实践教学是对理论教学的深化，是将知识转化为智力、能力乃至品格修养的重要途径。文秘专业是一种应用型很强的专业，在理论教学的同时应加强实践性教学环节，强调与社会实践相结合，培养学生的应用能力。针对文秘专业学生应掌握标准普通话、具备良好的口头表达能力的教学目标，对学生进行口头表达能力训练。教师在教学过程中多给学生创造口头实践的机会，采用多种教学形式加强对学生"说"的能力的培养。例如，在课堂上可采用自我介绍、诗词朗诵、讲故事、读绕口令等形式加强学生的口语练习，训练学生用规范的语言来传递信息、进行交流；可以有计划地组织课堂讨论，既可增长学生的学识，又可提高他们的口头表达能力。针对文秘专业学生应具备较强的语言文字运用与处理能力的教学目标，对学生进行文字加工整理的训练。例如，可以组织学生在课余时间调查广告牌、标语等社会用字的规范问题，并展开相关讨论，形成调查报告；可以援引常见公文错误实例或企事业单位的瑕疵文案，要求学生进行分析、修改。这些实践活动能够调动学生的学习兴趣，让他们切实感受到所学知识的现实作用，从而达到增强专业技能的效果。

三、结合教学需要有目的性地完善知识结构

当今社会，高校需要的是既能继承和传播知识，又有应用和创新能力的双师型人才。优秀的现代汉语教师既要具备丰富的现代汉语知识，又要具备所教专业的相关知识，具有与专业相适应的知识结构，这样才能将理论与实践结合起来，将学习与应用结合起来。

汉语言文学（本科）和语文教育（专科）培养的是中小学语文教师，他们不只是知识的接受者，更是知识的传播者，我们的现代汉语课不仅要教给学生汉语知识，还要教给学生如何将这些知识运用到中小学语文教学实践中去。这就需要我们具备师范教育意识与教学能力，要关注中小学语文教学方式及改革，熟悉《义务教育语文课程标准》的课程目标及内容，细致深入地研究语文教材教法，建立适应中小学语文教学的现代汉语教学体系，使我们的现代汉语教学突出师范教育的特色。只有这样，才能培养出一批高素质的中小学语文教师。

汉语言文学（本科）专业的现代汉语教师应通过进修等多种渠道深入学习钻研本学科的理论知识，不断地跟踪学科发展，及时了解最新发展动态和国内外发展趋势，掌握大量的新知识和新信息，吸收本学科的前沿知识，丰富讲课内容。只有在课外下足功夫，丰富自己的知识储备，提高科研能力和科研水平，才能在课堂上把知识点讲深、讲透，真正成为学生科研的领路人。

文秘专业的现代汉语教师首先要了解所教课程在文秘工作中的作用，使讲授内容密切联系实际。同时要主动积累、储备文秘专业知识，通过学习应用文写作、秘书学、沟通与表达艺术等课程，获得所需的文秘专业基本知识与实践技能，从而做到在教学中结合文秘专业特色，有针对性地进行教学。

总之，现代汉语课的教学应紧密结合专业特色，制定、明确教学目标，取舍、规划教学内容，改革、改进教学方法，提升、完善教师素质，以适应创新型、应用型人才的培养。

参考文献：

［1］中华人民共和国教育部. 义务教育语文课程标准（2011年版）［S］. 北京：北京师范大学出版社，2011.

［2］黄伯荣，廖旭东. 现代汉语［M］. 北京：高等教育出版社，2011.

词汇学的开放式教学
——以字母词教学为例

马英新

内容摘要：本文以字母词教学为例，通过视频教学、正反辩论、分组竞赛等三个环节较为详细地展示了45分钟的开放式教学过程。开放式教学对于培养学生正确的学术观、独立思考的能力以及良好的学习兴趣都有着一定的积极意义，此外授课教师也会在其中受益良多。

关键词：词汇学；字母词；选修课；开放式

词汇学是一门专业选修课，主要讲授关于现代汉语词汇学的基础知识，该课的理论性、实践性和应用性都很强。究竟如何将其与必修课程现代汉语相区别，这是我一直在思考的问题。经过几轮的词汇学教学，我认为词汇学首先是一门开放的学科，我希望通过这门选修课能够为学生展现一个不一样的学术界，培养学生独立思考的能力，激发学生的学习兴趣。本文将以字母词教学为例，谈谈我对词汇学教学方法的一些认识与做法。

一、视频教学，展现争议

字母词是外来词的一种，在词汇学课程中本不是教学重点，但随着商务印书馆《现代汉语词典》（第6版）的出版，一度被推上了风口浪尖，原因就是百余名学者联名举报《现代汉语词典》（第6版）收录了“NBA”等239个西文字母开头的词语，违反了《中华人民共和国国家通用语言文字法》、国务院《出版管理条例》等法律法规。

我们的字母词教学就是借助于这一学术争议开始的。在课堂开始，我为学生播放了两则新闻视频。第一则是中央电视台的新闻《百名学者举报〈现代汉语词典〉收录字母词》，支持收录字母词；第二则是东方卫视的新闻《字母词引争议》，反对收录字母词。

两则视频时长约 13 分钟，播放完毕后学生们感到很惊讶。在学生的眼里，学术界就像他们面前的课本一样，平静而统一。事实上，真正的学术界本就应是百家争鸣，许多学术共识正是在这种不断的争论中达成的，同时还有更多的问题仍处在激烈的争论之中。“尽信书不如无书”，这是我向学生传达的最为重要的一点。

二、正反辩论，独立思考

视频播放完毕后，我并没有发表观点，而是请学生自由选择正方或反方，对“是否收录字母词”这一问题展开现场辩论，辩论时长约 20 分钟。

学生们利用先前课堂所学的知识，以及刚刚播放的两则观点相反的视频，再加上自身的一些体会，纷纷各抒己见。此次的辩论点主要有“字母词究竟有无益处”“字母词的使用现状”“字母词的收录原则和数量”“字母词是否会影响汉语的纯洁性”“字母词是否可以用汉语代替”等。

整个辩论过程使我惊喜不断，学生发言大胆踊跃，有理有据，思路清晰。辩论结束后并没有明确结果，我也不对“是否收录字母词”这一问题发表观点，而是就学生们的课堂表现给予了充分肯定和表扬。培养学生独立思考的能力，这才是最重要的。

三、分组竞赛，激发兴趣

为了充分调动学生的积极性，进一步激发学习兴趣，辩论之后我将学生分为两组，每组各派一名代表参加限时 10 分钟的“字母词书写数量竞赛”，并许诺优胜方将获得一定奖励。

分组竞赛气氛热烈，两位学生代表在各自小组的帮助下奋笔疾书。短短几分钟，黑板已被台上台下的热情写满——DVD、LED、SOS、DNA、PC、B 超、pH、U 盘、BP 机、AA 制、T 型台、PM2.5……

竞赛结束后，两位学生代表都得到了奖励，全体学生仍是意犹未尽，甚至还有些同学表示想以字母词作为本科毕业论文的主题，这带给了我出乎意料的满足。

整堂课大约45分钟，在实际操作时可能会因辩论或竞赛环节出现超时，但为了保证教学效果，我一般不会严格限制时间。通过字母词的课堂教学，学生的思维更为开放和活跃，独立思考的能力得到了锻炼，同时激发了大家进一步学习的兴趣。这种开放的教学方式同样适用于词汇学课程的其他知识点，我相信通过开放式教学，我们的学生会受益良多，同时也会带给教师更多的惊喜。

参考文献：

［1］杨霞，张继河．高校开放式教学模式及优化探索［J］．继续教育研究，2014．5．

［2］陆璇璇．地方本科院校开放式教学模式改革路径探析［J］．教育与职业，2015．4．

［3］陈晓男．关于开放式教学模式的探索［J］．黑龙江教育（高教研究与评估），2008．6．

逻辑课程教学三方法

高雪莲

内容摘要：逻辑学是汉语言文学专业的基础课，该课程对训练人的逻辑思维能力、提高思维的灵敏度和清晰度具有重要作用。但在实际教学中，往往存在着教师只注重知识的传授而不重视能力和素质的培养，造成学生只会死记硬背规则公式，却不知如何灵活运用的现象。为此，教师应从地方性、应用型人才培养目标定位出发，创新性地探索切实可行的教学方法，以情趣教学法催生学生的学习兴趣，以逻辑思维能力测试指导教学内容的整合，以案例教学法培养学生的逻辑思维能力。

关键词：情趣教学法；逻辑思维能力测试；案例教学法

逻辑学是汉语言文学专业的专业基础课。作为研究和规范思维形式的科学，它是进行正确思维的工具，对训练人的逻辑思维能力、开发智力、增强逻辑素养和逻辑论证力量、提高思维的灵敏度和清晰度具有重要的作用。然而，现实的状况是，逻辑学被众多中文系的老师和学生认为是“文科中的理科”，艰深晦涩，枯燥难懂，并且与其他专业课程没有交集，因此被日益“边缘化”。在实际的逻辑课程教学中，也确实存在着老师只注重知识的传授而不重视能力和素质的培养，造成不少学生为了考试死记硬背规则公式，却不知如何灵活运用的现象。基于我校地方性、应用型人才培养定位，我对逻辑课程教学方法进行了有效的实践探索。

一、以情趣教学法催生学习兴趣

根据心理学的原理，人的认识与情感之间存在着不可分割的联系。苏霍姆林斯基曾指出，教师“课要上得有趣”，能激发学生的“情绪区”，并要让学生在学习知识时有所发现，在发现和顿悟中感受到学习乐趣，产生良好的学习情感。而情趣教学法，就是一种以学生内部动机和创造欲望的培养为专注点的教学方式。教师借助形象思维和富有激励、吸引式的情绪，去调动学生这一学习主体的主动性、积极性，使学生的被动学习变为主动学习，促使他们独立自由地思考问题，健康自然地生长，并使外来的精神养料通过选择、理解、吸收和重构，真正成为活的有机体的组成部分。

例如，在逻辑课的绪论一章中，自然会接触到“学习普通逻辑的意义”这样一个问题。传统的教科书中，都是一些简单死板的条框解释，如有助于人们探求新知、有助于人们论证思想、有助于人们反驳谬误等。这些语言机械枯燥，了无生趣，丝毫不能在学生的心中激起涟漪。然而，关于此问题的解答，又会对学生整学期的学习态度和学习行为产生至关重要的影响。这时，引用一个爱因斯坦向他的学生解答此问题的故事，就会使学生感觉既别开生面又印象深刻，自然地拉近了课程与学生之间的距离。故事是这样的：

爱因斯坦问学生：“有两个人，从烟囱中钻了出来。一个很干净，一个满脸煤灰。他们之中谁会马上去洗澡呢?”学生答道：“自然是满脸煤灰的那一个了。”“请你注意，”爱因斯坦说，“人总是瞧见别人而看不见自己的。所以，那位干净的人看见脏的一个，他立即就会想到，从烟囱中钻出来是很脏的。另一个情形相反。现在问你，两个人中谁会去洗澡呢?”“啊，我明白了。”学生说，“那个干净的人会马上去洗澡。因为他看到对方脏，立即就会想到应该去洗澡。对不对?”“不对!”爱因斯坦立即答道，“你的两次回答都不对。因为，你如果有了逻辑头脑，你就应该明白：两个人从烟囱中钻出来，怎么会一个很脏，而另一个很干净呢？这是不可能的事情。”

说到这，学生们都会哑然失笑，因为他们自己也许会和那个学生一样，上了爱因斯坦所提出的问题的当。这个故事通过“伏悬念”“设疑问”的方式活跃学生的思维，激发学生一探究竟的好奇心和求知欲，使学生在充满趣味的情境中认识到：一个推理能否得到正确的结论，不仅取决于推理过程是否有效，还取决于推理的前提是否真实。这就是逻辑的魅力。它生动形象地展示了逻辑思维对于一个人批判地认识我们所生存的这个世界，具有多么重要的意义。不仅爱因斯坦，大凡在事业上有所成就的人，都是头脑冷静、思维逻辑性强的人，而这正是学生们学习的榜样。

情趣教学法以宽松的情感区间为心理条件，把塑造轻松幽默、生动活泼的课堂氛围作为将学习情绪推向高潮的有效途径。这其中，必然要求教师综合利用形、声、色等多种刺激来强化信息、激发情感。因此，多媒体课件的应用也成为逻辑课教学中必不可少的手段之一。像上述爱因斯坦的例子，如果能做成动画的形式，按问答的层次在学生面前逐步呈现出来，定能达到更加显著的趣味效果。

二、以逻辑思维能力测试指导教学内容整合

这里的逻辑思维能力测试，不是课程的学期测试，而是指我国各级公务员考试、工商管理硕士（MBA）入学考试、公共管理硕士（MPA）入学考试和在职硕士研究生（GCT）入学考试中的相关测试。在这些测试中，逻辑推理都作为必考科目占据着非常重要的地位。

毋庸讳言，大学生就业形势严峻，已经成为现今制约高校发展的“瓶颈”问题。学生在本科学习结束后不管是继续读研深造，还是参与各类企事业单位招聘，都会面临逻辑思维能力的考察，而这些考察题目都是参照上述测试内容提出的。因此，以此类测试的试题内容和比例为指导，对教学内容进行相应的整合，是既符合课程教学目标，又具有一定实用价值的明智之举。

在对此类考试的试卷进行细致研究之后，笔者发现，重归纳轻演绎是这类试题的共同特征。正如试题中的许多提问，“以下哪项最能削弱（或加强或支持）上述结论”等这类问题，更多是对归纳推理知识的考查。由于归纳推理的结论超出了前提的范围，其结论是或然的，即可真可假，所以在回答这类问题时，就要运用传统归纳逻辑对于提高结论可靠程度的方法，或者是寻求反例以推翻原结论，或者是寻求对象与其属性间的因果联系。例如下面这道题：

去年全国通货膨胀率为17%，而今年到目前为止平均为11%。由此我们可以得出这样的结论：全国通货膨胀率正呈下降趋势，明年的通货膨胀率将会更低。以下哪项如果为真，将严重削弱上述结论？

A. 去年通货膨胀率大幅度上升的主要原因是全国遭受了历史罕见的严重自然灾害。

B. 在发展中国家，通货膨胀率比较高是正常现象。

C. 消费者对于高通货膨胀率越来越适应了。

D. 政府开始把抑制通货膨胀看成宏观控制的主要目标之一。

E. 由于抑制通货膨胀，现在失业人数和居民平均收入都有所下降。

该题题干所给的推理属归纳推理中的简单枚举法，是从现在已知情况推知未来可能情况。如果考生知道归纳推理的结论是或然的，而且对其结论的反驳是找到与前提情况不一致的一个反例，则回答上面的问题就变得容易了。A是正确选项，因为它指出去年较高的通货膨胀率是由于偶然的或非正常的原因所导致，因而它不能成为结论的依据，或者说它“严重削弱了结论”；B、C、E与问题无关；D与问题相反，是对结论的支持。

由于试卷中此类题目的比例大大高于演绎推理的试题比例，因此，在日常的逻辑教学中，加强归纳推理的讲授和训练就成了当务之急。可以看到，传统的逻辑教材中，演绎逻辑的内容比重要大于归纳逻辑，而提高学生的思维能力，让学生掌握思维的方法，更多的是对具体内容非形式化的或语义的比较、假说、辨析、综合、抽象、概括等，这些恰恰是传统归纳逻辑的研究范畴。因此，在保证学生对演绎逻辑的基本内容有所了解和掌握后，适当削减那些非基础性的、过于数学化和符号化的教学内容，将更多的课时分配给有关归纳逻辑的讲授和训练，对于提高学生的日常思维素质，对于学生日后个人发展的实际都是有很大裨益的。

三、以案例教学法培养逻辑思维能力

沧州是国家环渤海经济发展战略的重要组成部分，对于中文专业来说，未来会产生文秘、教师、记者、编辑、销售、管理等相关岗位的大量人才需求。经过调查和检索，在这些岗位的招聘条件中，都有对“逻辑思维能力”的明确要求。这个条件听起来很虚，却非常实在。它决定了一个人在工作中的判断力、决策力的高低，决定了一个人对工作进行组织安排的程序和效率。

当我们据此进行深入反思的时候，就会发现，传统的逻辑课程教学，都

是遵循着先讲授基本理论，后以实例进行佐证的模式。在这种模式之下，学生完全是被动接受，师生缺乏交流与互动。即便教师提供的例子有一定的趣味性，由于学生在教师讲授理论之初就没有主动地思考与介入，因此也不能将实例与理论很好地结合起来进行理解，更谈不到逻辑思维能力的培养和提高。那么，对传统教学模式进行某种程度的颠覆，也就成了逻辑教学改革的必然。当然，对于逻辑课程中一些专业的、符号的、形式化的概念和公式，还必须采取教师先行界定、阐释的方式。但是另一方面，当讲授关于限制和概括、论证的规则等非形式逻辑的部分时，还是可以采取一些异于以往的课堂组织形式，比如，案例教学法的引入就是其中之一。

案例教学法始创于20世纪初的哈佛大学，即围绕一定培训的目的把实际中真实的情景加以典型化处理，形成供学员思考分析和决断的案例，通过独立研究和相互讨论的方式，来提高学员的分析问题和解决问题能力的一种方法。这种教学方法在当今世界的教育和培训中得到广泛应用。我们在逻辑课堂上，涉及论证规则的章节时，就可以先期为学生展示这样一个案例——2007年12月央视新闻频道关于陕西省镇坪县真假华南虎新闻调查中的音像资料。这个案例不在于让学生辨别华南虎的真假，而要求学生就陕西省林业厅的鉴定报告进行研究和讨论，看论证过程是否存在着某些不妥之处。学生在对问题的探寻中，会对鉴定过程的各个方面提出质疑。教师可引导其将焦点集中于林业厅所聘请专家的学术身份上。经过细致的辨别，学生可以发现，陕西省林业厅组织的鉴定专家，各自的研究对象分别是田鼠、金丝猴和鱼，虽然都是野生动物专家，但都未曾涉足大型猫科动物的领域。这就自然引出违反论证规则的一条重要逻辑错误，即以人为据，滥用权威。

从实质上说，逻辑思维能力就是提出恰当的问题和做出合理论证的能力。它通过区分可靠的和不可靠的理由，权衡证据，判断什么是合理的，进而决定相信什么或做什么。案例教学法能够促使学生积极主动地深入问题，独立思考，在对案例的分析中学会以科学的态度对待一切事物，对任何事情都要敢问个为什么，“大胆假设，小心论证”，深入地剖析、求证，反复琢磨，直到弄明白为止。具备了这种理性精神，就是学生逻辑思维能力有所提高的重要表现。

教育的目的是为了提高人口的素质，同时也是为了服务于社会的发展。立足于地方经济、培养应用型人才是对高校和教师提出的新挑战。面对更高的教学要求，从教学内容、教学手段、教学方式等诸方面对自己的日常教学进行反思和探究，对于我们有效地开展本科教学，更好地完成培养目标，都有着非常积极的现实意义。随着本科教学工作的持续展开，这种思考也将得到进一步的延展和深化。

参考文献：

[1] 吴巧慧，邢培正. 应用型本科人才培养模式研究与实践 [M]. 北京：中国轻工业出版社，2011.

[2] 施久亮，陈云峰. 行政职业能力测验（下）[M]. 北京：科学技术文献出版社，2009.

[3] 孔建益. 科学规划与新时期高等教育教学改革探索 [M]. 武汉：湖北人民出版社，2011.

交往式教学结构构建：文学理论课教学方法的创新实践

王红志

内容摘要：构建交往式教学结构是文艺学学科发展的要求，是高校应用型人才培养的需要，是文学理论教学方法创新的策略与途径。在文学理论课堂教学中，确定适宜的教学内容，灵活运用教学方法达成师生之间的对话，以文本为中心，以实践为基础提高文学理论的“及物性”是交往式教学结构构建的有效方法。

关键词：交往式教学结构；教学方法；对话

从世纪之交开始，人们对文艺学学科的全面反思与文学理论教学的改革探索不断深入。在文化范式面临着重大转型的大众传媒时代，文艺学学科范型与文学理论教学都必然要做出应对与转变。本文从教学实践的角度提出构建交往式教学结构，认为文学理论教学应该从教师、学生、文本、世界四种要素的相互作用中，建立一种开放、对话的理性交往关系，从而在教学理念及策略、方法方面开展有效的教学改革，以开拓文学理论教学的新格局。

一、文学理论教学交往式教学结构的内涵与意义

“交往结构”的概念源于德国当代马克思主义理论家哈贝马斯。他把文学理解为一种交往关系，认为任何两个具有言语能力的主体都可以以符号（语言）为中介达成一种对话关系，文学是交往理性得以展开的一种理想场所。我们认为教学本身就是一种信息交流的过程，文学理论的教与学是一种典型的人际交往传播，它同样构成一个交往场域，教师、学生、文本、世界这四

种具有主体间性的要素，只有在相互作用中才能达成自己的意义，失去了四要素之间的相互联系，每种要素本身没有意义。文学理论教学应该是一种以文本为中心，以世界为基础，以对话为精神原则，以教师与学生的理性互动交往关系为特征的交往场域，是教师与学生、文本与世界之间的互动过程。在当下多元文化共生语境中我们提出文学理论教学交往式结构有如下意义。

（一）交往式教学结构构建是文艺学学科发展的要求

“交往理性”的精神核心就是对话，交往式教学结构的构建就是要在学生与教师、世界与文本之间达成一种平等对话的关系。对话性是当今文艺学发展的方向。文学理论是一门理论性极强的学科，它同时是一门具有实践性与反思性的学科。近年来学界文学理论“本质主义”与“非本质主义”之争最大的价值在于它使辩论双方都达成了一种共识，文学本身流动不居，具有普适性的文学“本质”的追求必定徒劳无功，一种“包罗万象、具有超越时间与地域限制的普适性的文学理论是不可能产生出来的”，我们只有在与不同立场上对文学“片面的深刻”的解读对话中才能不断逼近所谓本质的真实。长期以来我们的文学理论已经习惯了去辩证地构建永恒的理论的正确性，我们的文学理论教师也习惯了去阐释、解读真理，于是文学理论教学也在一定意义上成为知识的传授与思想的规训，这也是文学理论学科危机与文学理论教学困境的内在原因。今天我们正从一个独断的以自我为中心的时代，逐步走向相互理解、平等交往和对话的时代。这是当今整个时代的潮流，也是文艺学的潮流。只有以交往对话为核心的教学理念才能适应当下文艺学的发展。

（二）交往式教学结构构建是文学理论教学改革的需要

当前文学理论教学最大的问题表现在学生、教师、教材及文学现实之间的沟通不畅。学生学习文学理论的畏难心理是所有文学理论教师共同面对的问题。以童庆炳主编的《文学理论教程》为例，教材体系宏大，术语繁多，不消说大学一二年级的学生，即便是非专业课教师，读来也颇多困惑。开篇文学活动论、审美意识形态论，让学生真正搞清楚确实困难。南帆的《文学理论新读本》与陶东风的《文学理论基本问题》等教材也存在着同样的问题。因为文学理论是古今中外文学实践的总结，需要大量文学文本的阅读经验和丰富的知识储备做学习的基础，仅仅学习了现代文学的大学一二年级学生文本阅读量的欠缺是学习的最大障碍。尤其是大众文化氛围中成长起来的当代大学生，浅表化、影像化的阅读经验与精英化的审美主义理论话语之间必然产生严重的疏离。学生明显地感到课堂上的文艺学教学知识僵化，脱离实际，它不能解释现实生活中提出的各种问题，从而产生对于文艺学课程的厌倦、不满与消极应对的态度。这也是当前文学理论与现实脱节的表现。当前文论教材中的理论体系诞生于精英文化占主导地位的20世纪八九十年代，它已很难阐释今天纷繁复杂的审美文化现象，如童庆炳先生所说“文艺学原有的一套理论、概念已经不能适应不断变化的现实需求”。同时文学理论是对文学规律与基本原理、概念、范畴的揭示，具有抽象化、哲理化的特征，让学生理解不同文化语境中不同价值立场下的不同文学观，对于习惯于感性思维的大学生是一种挑战。在这种情况下我们只有加强教师与学生、理论与现实之间的交流对话，才能寻求文学理论教学的突破。

（三）建立交往式教学结构是高等学校应用性人才培养的选择

教育在培育民族创新精神和培养创造性人才方面，肩负着特殊的使命。很难想象如果我们不改变“解释—接受”式的知识传输型教学模式，如何培养学生的创新精神；很难想象如果我们不改变文学理论自说自话式的言说方式与“背多分”式的考核模式，如何能激发学生的创造活力与学习动力。交往式教学结构旨在搭建一个真正民主、平等、自由、思索的精神平台，让学生、教师在文学与人生、理论与现实之间以开放的胸怀、独立的精神去探索艺术的真谛与存在的意义，去获取智慧的启迪。唯此，学生才能在与先贤的对话中达成对文学更深刻的理解，才能对丰富多彩的文学文化现象发出自己的不断成熟的声音，才能在自主的探索研究中提高对文学的感受力、鉴赏力与评价能力，提高思维能力与人文素养，才能使知识与人文、品格与能力统一的应用型人才培养的目标落到实处。

二、文学理论交往式教学模式构建的思路与方法

交往式教学结构的构建是一个系统工程，除了对话式教学理念、交往互动式的教学方法之外，还有课外教学活动以及包括网络、图书馆、实践教学基地等交往式教学平台的创建等方面，以下以课堂教学为重点，从师生、文

本、现实之间的互动交往方面谈谈文学理论交往式教学模式构建的思路与方法。

（一）合作中的首席与成长中的主体：师生的协作与交往

交往式教学结构中的教师不是宣讲人而是合作者，不是权威而是先行者，他时刻从学生的接受能力、思维特点与知识积累入手，调整确立教学的方向、原则与内容、方法，成为师生共同合作中的首席。而学生在开放自主的交往环境中有选择怎么学、学什么的自由，他不断突破自己的局限，完成精神的成长，增强各方面的能力。

在这种交往互动中，教师首先要按照学生的具体情况与培养目标确定自己独特的教学内容。以童庆炳的《文学理论教程》（以下简称《教程》）为例，它追求体系的完整与内容博大丰富，即便是浅尝辄止，从刘勰到德里达，从道德批评到文化研究，在108课时的教学时间内完成教材内容，教师与学生都不堪重负。对于中文系本科阶段的学生，文学理论的学科目标不是让学生掌握系统的理论知识，而是提高对文学文本的审美感受力与解析能力，增强对文学及理论的理解力，激发对理论初步的兴趣。所以首先要根据学生情况、专业特点在教研室内调整教学内容、教学重点与学时分配。作为一所地方师范院校，我们选择《教程》作为基本教材，同时杂取种种，综合当前多种教材特点对教学内容做了调整。老师们根据学生的认知规律调整了教材顺序。为了化解课程入门阶段的晦涩艰深，让学生在第一学期更多些对文本的审美观照，同时也淡化《教程》中的本质主义倾向，我们借鉴童庆炳《文学理论新编》与王一川《文学理论》等教材中的文学观念、文学特性部分，去调整《教程》中的“文学活动论”与“审美意识形态属性论”的内容，然后把文学文本部分提前，文学的产生发展则调整到第二学期专章处理，同时也把当代媒介文学的内容引入。在文学创作、文学接受部分，我们都删繁就简，在确定基础知识的基础上鼓励教师结合自己的专业方向与研究特点做灵活处理。文学批评部分在概论部分简化，另外以选修课的方式展开。当前许多教材都倡导各类文学观念的平等对话、理性交往，比如陶东风的《文学理论基本问题》与汪正龙的《文学理论研究导论》等。陶本的历史主义理论叙事，汪本的“导论”“选文”“延伸阅读”“问题与思考”“研究实践”的体例思路都可以为我们教学内容与策略选择提供借鉴。总之，教学内容调整的原则就是充分考虑学生的接受特点，突出重点，注重基础；同时要关注热点，尤其结合学生喜闻乐见的当下文学热点问题去讨论文论观点，以激发其对理论的兴趣。

其次要采用多种教学方法构建平等交往的对话式课堂。参与式教学、研讨式教学、案例教学法、辩学法、比较学习法等都是构建交往对话式课堂的有效方法。大众传媒时代，学生获取信息的途径丰富，尤其在大众文化文本的接受方面他们可能会比教师更丰富。参与式教学就要充分强调老师对学生真正的尊重、关注与平等交流，改变老师一言堂的教学方式，调动学生学习的积极性与主动性。我们在教学中增加实践性内容，就相关章节安排学生进行特定内容的助讲，也可以每堂课利用10—15分钟时间请学生就自己感兴趣的内容开展自主分享活动，或者就相关问题开展专题文本阅读欣赏与批评。老师就学生的话题与见解真诚地与学生开展讨论，对其发言中偏颇或欠深入之处加以点拨，同时为学生介绍相关研究文章或理论，组织开展后续讨论研究，在此基础上要求学生进行文学评论或学术论文的写作，从兴趣入手将学生引入学术之途。比如笔者曾就同学对《明朝那些事儿》的讨论，引导学生对当年明月的写作过程、作品出版过程等进行探讨，让同学们了解了大众文化产品的商业化、复制化特征；在课堂讨论分享活动中，同学们对《甄嬛传》中的人物塑造非常感兴趣，教师适时提出问题启发同学们对甄嬛是否是典型展开了讨论，引导同学们深入思考了典型理论的发展与流变；在讨论文学历史价值与人文价值的关系时，同学们选择了张艺谋的电影《英雄》与莫言的《蛙》展开了热烈的讨论。从自己的阅读体验入手，自己决定讲什么学什么，可以提高学生的问题意识，锻炼他们解决问题的能力。

通过文本比较法让学生理解文论命题也是对话式课堂中常用的教学方法，它能密切结合文本，有效锻炼学生思维能力、文本感受力、审美力与思维能力。比如讲解话语蕴藉的时候，通过让学生比较李白与谢朓《玉阶怨》这两首思想情感、表达内容、表现手法都相似的诗歌，通过自己切身的阅读体验学生深入理解了含蓄的内涵，也理解了中国诗学对含蓄的推重。笔者在讲授意境部分时，让学生比较崔颢《黄鹤楼》与李白《鹦鹉洲》《登金陵凤凰台》

三首诗歌境界的高下，同学们从音韵、意象、韵味、气格等方面对这三首诗展开了热烈的讨论，他们各抒己见，辩论激烈，最后在一种开放式的结论中对意境的内涵加深了认识与理解，同时提高了细读诗歌的能力。

辩学法是一种综合了研究性学习、合作学习和情境教学法的教学方法。教师首先在与学生广泛交流的基础上结合教学内容确定几个相关辩题，让学生根据自己的兴趣爱好选择辩题，然后分组开展正反两方面论辩的资料搜集整理工作。在整个准备工作中，老师一直追踪学生的工作进展并对其工作进行指导。同一方的一组同学展开分工合作，围绕己方观点形成书面材料。论题准备工作成熟后，老师可以采取多种形式开展论辩展示。比如，我们在讲解当代文化现状时，曾就雅俗文化的关系设计了穿越小说的利与弊问题，在文学创作的价值取向部分曾经分正反两方对《甄嬛传》的社会影响开展了论辩。辩学是一个在文本基础上师生之间、学生与学生之间的思想交往碰撞的过程。理越辩越明，同学们从不同的立场对相关作品及问题展开了深入的思考。同学们不仅对文学理论的相关问题加深了理解，同时锻炼了合作能力，研究能力，思考能力，文字、语言表达能力以及自主学习的能力。许多同学在此基础上确定了自己的学科论文、学年论文乃至毕业论文的题目，在这个过程中他们获得了思维的进步与精神能力的共同成长。

（二）理论教学的“及物性”：以文本为中心，以实践为基础

理论是灰色的，创作之树常青，生命之树常青。文学理论有超越性，同时具有实践性。脱离了对文学创作现实的观照，脱离了对我们生存现实的观照，文学理论就会成为“不及物”的谈玄论道。文学理论课堂不能缺少文学的感性与诗意，更不能脱离了师生的生命体验与生存经验。交往式教学结构的基础是世界，师生与世界的交往是通过文本的解读获得的。文本的选择须体现理性交往原则，在日志、博客、网络文学勃兴的大众文学狂欢时代，教师应该把大众文化现象与典型文本引入课堂教学，因为这些文本与学生的生命体验息息相关。老师在理性反思的基础上与学生进行平等的交流，同时结合自己的阅读体验引导学生亲近经典、热爱经典，在细读经典的过程中促进学生精神的丰盈与成长。教师在课堂上的文本分析要有学生课下的细读做基础，我们在学期开始与每次课后都为学生开列文本阅读书目，其中除了《安

娜·卡列尼娜》《红楼梦》等之外，还有金庸、韩寒、安妮宝贝的作品，目的就是在对经典与流行的比较分析中让学生理解文学精神的嬗变，认识世界与人生。文本中心式课堂的教学策略是理论的批评化，不是把文本作为论证某种理论命题的例证，而是要在学生、教师、世界、文本之间建立一种诗意的空间，砥砺人生，认识世界，了解自我，净化情感，同时获得解读文本的文学能力。因为理论教学的目标不是让学生记住所谓文学的规律、基本范畴与理论，而是获得解读评价文化现象及文学作品的能力。文本中心教学一般采取“创设情境—阅读文本—提出问题—分析讨论”模式，在此基础上教师再开展理论文本的细读，采用“选文阅读—拓展讨论—应用实践”的基本思路。这样，同学们可以在感性文学体验的基础上对古今中外的文学理论观点开展自己的思考与对话，让他们觉得理论不脱离文学，每一种理论都是开启他们文学理解之门的一把钥匙，从而逐步提高理论思维能力。

除了课堂教学中以文本为中心的交往模式构建外，我们充分重视教师与学生多种多样的文学实践活动。文学理论教师应该保持对文学现状的敏感，亲近文学，有时间尝试一些文学创作实践。学生应该踊跃参加各种文学艺术社团，在文学实践中达到与世界、与自我、与他人的沟通交流。比如，我院组织作家班学生参加沧州市百名作家采风等活动，极大促进了学生的创作热情，同学们在爱书人俱乐部、三人行诗社、观影俱乐部中，妙篇相与析，奇文共欣赏，有效提高了艺术理解力。

在文学理论教学中，我们只有秉持一种平等对话的教学理念，时刻保持与社会、与学生对话的热情，不断探索对话式的教学方法，构建交往式教学结构，才能突破僵化的教学模式，突破文学理论教学的困境，才能不仅传授学生文学知识，更促进学生进行独立思维的能力，从而提高学生的文学素养，增长他们的人生智慧。这种独立思考的习惯、锐利的问题意识与解决问题的能力才是今后同学们人生进步的基础。唯此，我们提倡的集人文品格、专业素质与学习能力于一体的应用型、复合型人才的培养目标才能真正实现。

参考文献：

[1]（德）哈贝马斯. 交往行为理论［M］. 曹卫东译. 上海：上海人民出

版社，2004.

［2］杜书瀛. 新时期文艺学反思录［J］. 文学评论，1998. 5.

［3］吴春平. 文学理论教学与文艺学学科建设［J］. 文学评论，2007. 12.

［4］陶东风. 大学文艺学的学科反思［J］. 文学评论，2001. 3.

［5］童庆炳. 文学理论新编［M］. 北京：北京师范大学出版社，2005.

宋词的审美教学与大学生人格修养的提高

付红妹

内容摘要：正处于青春成长期的大学生，个体的人格修养具有很大的可塑性。宋词的清旷之境中饱含着词人对高洁脱俗生活的热爱、对生命的诗意诉求，大学生们在学习和鉴赏中会潜移默化地受到熏陶与感染。在这心与心的交融碰撞中，大学生的情感得到净化，人格修养得到提高，人生境界得到升华。在这样的理论框架中，宋词的教学就需要始于作品而终于人生。

关键词：美育；宋词；清旷；意境；大学生；人格修养

大学生处于青春期，正是情感发展的高峰期，情感体验敏感、丰富、社会化水平高，同时具有复杂、不稳定、易受暗示等特点。而情感的正常健康发展，直接关系到自由全面的个性发展和充实完美的精神世界的发展。那么，要完善提高大学生的人格修养，就要从情感教育入手。而美育的本质特征是情感教育，是通过情感的驱使来塑造完善的人格。1793 年，席勒从人性和美的同一性出发，提出“美育”的概念和理论。他针对当时德国理性统治一切的社会现状提出：人格的完整不仅需要理性的一般法则，而且需要感性的特殊法则，这样才能保持或恢复个体性格的多样性，从而保证人格的完整。他认为，理想的人格应该既有统一的理性，又有丰富多彩的个性特征；既能进行哲学思考，又能创作艺术。总之，理想的人格就是要达到感性与理性、内容与形式、精神与肉体的和谐完美。为此，他指出“通过更高的艺术来恢复被艺术破坏了的我们天性中的这种完整性，也是我们自己的事”。这种“更高的艺术”就是美育，而它的着眼点就是人的“情感教育”。“感人心者，莫先乎情。”在审美过程中，美不是直接诉诸人的理智，而是诉诸人的情感，美的事物和美的形象将人们带到一种“忘我”的境界，并引发各种丰富的情感反应，产生情感交流和共鸣，获得某种精神上的愉悦和满足；同时在美的熏陶和感染下，滤掉情感中的“杂质”，使情感纯洁和高尚起来，从而使人性得以完善、人格得以提升。而意境是艺术家主观的生命情调与客观对象互相交融的结果，其中充盈着艺术家丰沛的情感。词长于抒发个人的幽微情怀，其意境浸透了作者真挚、细腻的情感，更容易和青年学生产生共鸣。大学生在宋词的学习鉴赏过程中，离不开对词境的领悟，也就必然会受到其中情感的浸润与熏陶，自己的情操、修养也就不可避免地受到影响。在这样的理论背景下，我们才能讨论词境对大学生人格修养的影响。

宋代是我国文学艺术的黄金时代，而词于此时亦发展至顶峰，成为“一代之文学”。在宋代，精神的隐逸、心灵的自由让词人们能够超越荣辱穷达，在物我合一的审美观照中获得解脱，得以乐以忘忧。当他们以这样的审美心胸与外物碰撞并发而为词的时候，词的清旷之境悠然而出。苏轼在被贬黄州时所写的《与子明兄》中道：“吾兄弟俱老矣，当以时自娱。世事万端，皆不足介意。所谓自娱者，亦非世俗之乐；但胸中廓然无一物，即天壤之内，山川草木虫鱼之类，皆是供吾家乐事也。”清澈澄静的胸襟、洒脱淡远的个性便由此而出，宋词也由此而生出一种与人格相表里的清旷之美。前人多用“清旷”评价苏词，苏轼此类创作确实是开了一代词风。苏轼宦海几经沉浮，深深体会到人生的虚幻和痛苦，特别是元丰二年（1079年）的“乌台诗案”，曾把他推到生死攸关的境地。但他从未颓唐厌世，始终保持着潇洒自如的气度和乐观旷达的情怀。在创作中，“任性逍遥，随缘放旷”，使词作有一种超尘脱俗、悠然旷达的气质。那种“醉中吹堕白纶巾，溪风漾流月。独棹小舟归去，任烟波飘兀”（《好事近·湖上》）的坦然悠闲；那种“村舍外，古城旁。杖藜徐步转斜阳”（《鹧鸪天·林断山明竹隐墙》）的旷然潇洒；那种与“与谁同坐？明月清风我”（《点绛唇·闲倚胡床》）的雅洁惬意……恰如东坡赞黄庭坚所言：“超逸绝尘，独立万物之表，驭风骑气，以与造物者游。”“乌台诗案”以后，苏轼思想中固有的佛老意识也随之有所发展，因而在词作中也就益发向往超逸清空的境界，以求自我精神解脱。随着黄州之贬，而后一再远贬惠州、儋州，但他超越了苦难，获得心灵的自适。《定风波·常羡人间琢玉郎》借他人之事，抒自身之情。其下片："万里归来年愈少，微笑，笑时犹带岭梅香。试问岭南应不好？却道，此心安处是吾乡。"爽朗的微笑驱散了岭南的瘴气，豁达的胸襟迎来了心中的故乡。笔调空灵蕴藉，"清便宛转，如流风回雪"（钟嵘《诗品》）。苏轼的文化品格和词作品格对当时及南宋士人们的创作乃至人生选择产生了广泛的影响。如黄庭坚，个性、学养一如东坡，虽一直被卷入党争的漩涡中，但依然狂放自如、清气盈胸。在月光如水、笛声悠扬中写下的《念奴娇·断鸿霁雨》，以"断鸿霁雨，净秋空，山染修眉新绿"开篇，给我们描绘了一幅清丽、高旷的中秋之景，借以衬托作者的快意情怀；结尾处"老子平生，江南江北，最爱临风笛。孙郎微笑，坐来声喷霜竹"，更是潇洒豪迈，风神绝俗，"可继东坡赤壁之歌"（《苕溪渔隐丛话后集》卷三一引）。又如贺铸，仕途坎坷，才华不得施展，然他的词作遒劲超逸，沉郁的情思中饱含高旷的襟怀："日长偏与睡相宜，睡起芭蕉叶上自题诗。"（《南歌子·疏雨池塘见》）"溶溶漾漾白鸥飞。两忘机。"（《钓船归·绿静春深好染衣》）南宋词人饱受国破家亡、内忧外患之苦，他们对苏轼在明月清风中求得心灵自适的人生态度欣然接受，并且在创作中体现了这种人生态度，使南宋词坛清旷之气氤氲不绝。"闲登小阁看新晴。古今多少事，渔唱起三更"（陈与义《临江仙·忆昔午桥桥上饮》），于看新晴、听渔唱的清雅中将兴亡的悲怆化为旷达，"笔意超旷，逼近大苏"（《白雨斋词话》卷一）。"世事从来惯见，吾生更欲何之。镜湖西畔秋千顷，鸥鹭共忘机"（陆游《乌夜啼·世事从来惯见》），则是将作者历经世事沧桑的旷达情怀融入了宁静优美的大自然中。虽然南宋不乏金戈铁马、忧时愤世之词，但这清远旷达的一脉是其不容小觑的构成。清旷之词，不染尘埃，亦不乏通脱之感、浩然之气，味之如"夜阑浩歌起"（姜白石语）。

通过论述我们可以看到，宋词的清旷之境中饱含着词人对高洁脱俗的生活的热爱、对生命的诗意诉求。王国维曾言："境非独谓景物也。喜怒哀乐，亦人心中之一境界。故能写真景物，真感情者，谓之有境界。否则谓之无境界。"作为较之诗更为个人化写作的词来说，其中所灌注的是词人真挚、微妙的情怀。大学生在品味词的意境时，便是与宋代词人那自由、疏朗、旷远、雅洁心灵的一场对话。在这场生命与生命的对话中，大学生们潜移默化地受到熏陶与感染；在这心与心的交融碰撞中，大学生的情感得到净化，人生境界得到升华。正处于青春成长期的大学生，个体的人格修养具有很大的可塑性。我们知道，“人和动物有一个很大的不同，就在于人能够从实用中提升出来，从个人物质生活的实践中提升出来，一方面进行审美的体验，另一方面进行纯理论的思维。如果丧失了这种精神生活，丧失了审美体验和纯理论思维的兴趣，人就不再是真正意义上的人”。社会文明的高度发展要求现代人具有完美的人格，去更加关注自身的生存质量，关注生命本体的自由发展。大学生作为社会中接受高等教育的人群，作为国家未来的中坚，只有成为“真正意义上的人”，具备健康完善的人格修养，才能担当社会的责任、历史的使命。所以，审美对大学生的人性和精神生活是绝对必要的。而宋词清旷之境的鉴赏便是一个有效的手段和途径。宗白华先生曾指出意境是“一个鸢飞鱼跃，活泼玲珑，渊然而深的灵境”，清旷的宋词又让这一“灵境”平添了几许晶莹澄澈、简淡隽永而又超逸绝俗的审美特质，青年学生沉浸在这样的灵境中自然能“荡涤其浊心，震其暮气，纳之于豪杰而后期之以圣贤”。

如何引领学生步入其中？这就需要在教学方法上进行创新，不能局限于分析作品、介绍作者的传统套路，而要充分调动多种教学手段，让学生领略、体味宋词的美好质地，以期和先贤进行心灵的对话、精神的交流。例如，要引入文史哲共治的教学理念，把作品放在整个宋代美学、宋代文化的大背景下，让学生能准确把握作品的情感基调和审美基调；在课堂上运用多媒体将宋词之意境化为具体的视觉形象；配合相契合的音乐吟咏作品，让学生在特定的情境中品味作品；将宋词的学习和青年学生熟悉的流行歌曲相联系，让他们获得更多的共鸣。在课外，可把宋词的学习与学生活动结合起来。例如，以宋词为题的书画、摄影比赛，将宋词以联句、猜谜等形式嵌入联欢会中，有针对性地举办学术讲座等。

正像所有的审美教育一样，词境对青年学生的影响也是一种熏陶、一种感发，是在感发、兴发中对他们的精神世界起到激励、净化、升华的作用。这种影响是春风化雨式的，不会取得立竿见影的成效，但经过长期坚持不懈地学习品悟，这泓中国古典文学的清泉必将缓缓流淌在他们生命的深处，滋养着他们的心灵。在这样的理论框架中，宋词的教学就需要始于作品而终于人生，而门径就是对宋词审美维度的把握。

参考文献：

[1]（德）席勒. 审美教育书简［M］. 范大灿，冯至译. 上海：上海人民出版社，2003.

[2] 苏轼文集（卷六十）［M］. 北京：中华书局，1986.

[3] 王国维. 人间词话［M］. 上海：上海古籍出版社，1998.

[4] 叶朗. 胸中之竹［M］. 合肥：安徽教育出版社，1998.

[5] 宗白华. 艺境［M］. 北京：北京大学出版社，1986.

[6] 王夫之. 船山全书（第十二册）［M］. 长沙：岳麓书社，2011.

写作课程的“班中班”教改实验与训练模式探索

——以沧州师院作家班为例

汪云霞

内容摘要：几乎所有艺术形式的专业教学，都把重点放在对艺术本身技艺的训练上。写作训练也不例外。在大学中文教学体系中，引入创意写作理论，不仅必要，而且刻不容缓。

关键词：创意写作；训练模式；虚构

一个疑惑时常固执地浮现在我的脑海中：几乎人类所有的艺术形式，诸如美术、音乐、舞蹈、雕塑等，它们的专业教学，无不把教学重点放在对这门艺术本身技艺的训练上。也就是说，技法训练和作品鉴赏与研究呈现出一个相辅相成良性互动关系。但为何唯独文学这门艺术形式除外？中文写作课程教学到底该教学生些什么？

一、写作教学现状与创意写作理论在国内的影响与发展

（一）中文专业写作课程的教学现状

我们不能不承认这样一个事实：在我国，传统中文教学是以文学史、文学研究和语言研究为主的，并且言之凿凿明确声称“不培养作家”。这种创作和研究相分离，甚至只重研究忽视创作的现象在大部分文学院中相当普遍，致使许多很好的文学苗子进了我们高校的教育系统，出来以后并没有长成参天大树，而是直接变成了规格统一、模样一样的小拐杖。有一兄弟院校的文学院领导做报告时，甚至把砍去写作课程作为文学院课程改革的新举措之一。

其谬误之深，由此可见一斑。

事实上，多年来我们按照现有体制培养出来的汉语言文学专业毕业生，始终不能摆脱“看起来什么都能干，其实什么都干不了”的尴尬处境，也因此汉语言文学专业毕业生就业率相对低迷。一直大力倡导创意写作的上海大学葛红兵教授对这个现象曾总结说：“文化产业对中文专业人才需求量是很大的，各类网站、游戏等新媒体，报刊和图书出版业、影视传播和广告，会展和企业策划，以及各类娱乐行业等都大量需要新型的写作人才，需要创意人才。包括以手机和网络为代表的新媒体，需要大量的创意写作团队。”据相关资料统计，当今美国的广义文化产业占其GDP比重的20%以上，是美国国内第一大产业，也是第一大出口产业。而这些成果，和美国大学体制中“创意写作”机制的创建和发展关系紧密，美国的文学教育，不仅为美国的发展承担了技术创新功能，而且承担了文化创新的功能。而国内，一些院校长期以来闭目塞听，一头钻进象牙塔里附庸风雅，注重“基础”，强调“研究”，却独独忽视了文学的“艺术性”这一本质属性，否认甚至反对其应用性。另外，作家的确很难培养，在我们传统的认知中也有“文章本天成，妙手偶得之”的说法，把创作弄得非常神秘，进而不敢触碰，只好绕道而行。这样做的结果，客观上就是拒绝承担培养创新人才的社会责任。

正因如此，写作课的教学现状迫切需要我们去改变。而国外已经经过一百年实践检验的创意写作专业教学给了我们很多启示。

（二）创意写作理论在国内的影响与应用

创意写作是一切创造性写作的统称，包括虚构类创意写作和非虚构类创意写作两种。创意写作不仅培养作家，还可以着力于为整个文化产业发展培养具有创造性能力的核心从业人才。在西方，文学教育一般归属艺术类，他们把创意写作作为文学教育教学的主攻方向。他们对创意写作教育的重视为文化创意产业的发展提供了源源不断的新鲜血液。

创意写作理论的核心支撑是：作家是可以训练的，只要具有中等禀赋，通过科学系统的训练，就可以成为一个有创意的写作者。美国女作家兼资深文学编辑多萝西娅·布兰德的著名作品《成为作家》自1934年出版后，风行美国文学界80年，成为一部长盛不衰的经典著作，她在书中勘正了很多大家长期以来对于作家和创作活动认识上的误解。她指出："写作确实存在一种神奇的魔力，而且这种魔力可以传授。"但寻找到"某种神奇力量"前要先当学徒，也就是训练。著名作家杰里·克利弗也说："音乐家和画家可能需要天赋才能成功，但作家不是。""每天花上几分钟就可以提高写作技艺。"因此，创作这项人类活动完全可以省略掉伯乐寻找千里马之类的虚幻路径，去掉天赋之类的神秘色彩，取而代之的是一个科学有效和循序渐进的训练过程。而我们国内的文学教育在这一点上还是一个空白。

同时，中国的文学创作现状同样不容乐观：中国作家和西方作家最大的不同就在于，西方作家一般都受过专业训练。美国当代作家几乎都获得了创意写作学位，绝大多数知名作家也都在大学任教于创意写作专业。专业的训练可以让他们少走弯路，并且可以把创作的经验直接传授给专业学生，从而保证了创作整体水平始终保持在一个较高水平。因此，20 世纪 30 年代至 90 年代，美国有了 9 位诺贝尔文学奖获得者。

而中国的作家却不是这样，中国的作家来自各行各业，很少有机会接受正规的专业训练，完全靠痴迷精神和慢慢摸索体悟，所以他们走向成熟的时间相对而言要长很多。中国人民大学文学院教授、驻校作家阎连科看见一些关于创意写作的译本后，曾由衷感慨道："前两天看了这套书，感到非常沮丧，因为在我 50 岁的时候忽然发现，一栋 7 层高的楼房，像我这代人是从楼梯一层层走上来的，但其实它是有电梯的。等你知道这个事情，已经五六十岁了……如果成为作家是一个楼顶，确实有电梯可以一搭而上，不需要像我们这一代人付出太多的劳动。"

另外，因为没有专业训练，创意贫瘠一直是文艺创作中难以克服的瓶颈，题材趋同、照搬成风、脱离现实、缺乏人文关怀，旧题材翻拍不止，山寨风经久不息，甚至有大量色情、暴力等庸俗的东西充斥文化市场，不仅影响了我国文化产业快速健康发展，而且很难去构建一个完整的国民的灵魂和精神世界，更别说把我们的民族智慧和美好的东西展示给世界了。

因此，在大学中文写作教学体系中，引入创意写作理论，不仅必要，而且刻不容缓。

二、“班中班”教改实验与训练模式探索

如何把创意写作的理念和方法引入大学中文写作教学体系中？如何为国内文学创作带来一点助推和帮助？为此，我们做了一系列的教改实验。我们从具体写作实际出发，试图用一个全新的视角，从创意写作的概述、故事和虚构、情节设计和叙事、人物和人物塑造等几方面，探讨创意写作过程中的常见问题，以追求实效性和可操作性为目标。我们的具体举措为：

（一）创立作家班

2011 年 6 月创立“沧州师院狮星作家班”，是我院找准地方性应用型本科大学的科学定位的一个具体举措，同时开辟了一块写作教改的“试验田”，在不打破班级建制的前提下从全校选拔 25 名学生组成，抽调部分骨干教师进行特别指导，并不定期邀请知名作家进校讲学。

作家班成立一年后，规模不断扩大，学生由原来的 25 人扩展到 50 人，写作课教师为作家班定期上课，从文学写作实践出发，提高学生的创作激情和创作水平。作家班取得了可喜成绩，不仅培养了一批潜在的作者，同时为社会培养了一批创新性应用人才。

（二）把创意写作理论作为作家班教学的理论支撑

创意写作学理论自 20 世纪 20 年代末创始于美国，历经多年的教学实验，已成为一个设有本科、硕士、博士培养层次的成熟学科。欧美国家很多大学普遍开设创意写作学位项目。研究生毕业可授予创意写作硕士学位（在美国属于终端学位，即等同于其他专业的博士学位）。大学的创意写作教育已经成为美国文化创意产业链的最重要环节。他们的作家几乎都获得了创意写作学位。他们一方面创作，同时在校园里教授创意写作课程，使创作经验和文学传统得到了一个良好并且有序的传承。

由此我们认为，创意写作学科在国内的诞生是中国创意文化产业化发展的必然要求。目前我国一些大学如复旦大学、上海大学、中国人民大学正在进行创意写作的教学模式实验。2009 年教育部批准复旦大学设立国内首个“创意写作专业硕士学位点”，由著名作家王安忆一手创建；上海大学也于 2011 年开始创意写作研究生的招生；北京大学文学院、清华大学中文系、中

国人民大学文学院麾下已然拥有很多知名作家，如曹文轩、格非、刘震云、阎连科等。

创意写作这个新名词，似乎一夜间在中国一些大学里闪耀起来，但质疑声同时也如影随形：文学创作到底是不是中文教育需要承担的教学任务？作家到底需不需要进驻大学课堂？我们都不会忘记某著名学者所说的“中文系不培养作者”，但几十年的中文教学却证明这是一个很明显的错误，因为这导致我们培养出的汉语言文学专业学生，始终不能摆脱有知识却不会创新，能鉴赏却不会创作，眼高手低，高智低能的现实窘境，这样的学生，自然无法适应社会对于新文化产业人才的需求。

虽然中文系大都开设有基础写作课，但重理论轻实践，重鉴赏轻创作的陋习已成，加之多数老师没有甚至平生从未尝试过文学创作，基本属于外行执教，相当于让一个旱鸭子照本宣科地教游泳，结果只会教出一大批夸夸其谈的旱鸭子。写作课因此成为最无趣最假模假式的课程之一。

但培养富有创意精神的人才是中文教育必须承担的责任，也是基于社会对创意性产业人才的迫切需求。

（三）采用小班教学新模式

采取“班中班”教学模式。写作班虽不是一个行政班，但它有固定的指导老师、辅导员和班长，固定上课时间和上课地点，教师在讲授之外，研讨作品、讨论交流成为一种常态授课形式。这种建制和做法增强了学生的归属感，学生的创作兴趣空前高涨。三年的教学实践证明，“班中班”教学模式是一种有效提高学生创作水平的好的教学模式。

作家班的教学内容一改传统写作课模式，围绕写作概说、故事核心、叙事冲突、身份认同、讲述与呈现、人物与对话等方面的问题，从文学创作内部出发，去训练学生的创作技巧，成效非常显著。

定期请专业作家来校指导。马来西亚作家戴小华女士，沧州市政协副主席、文联主席何香久，鲁迅文学奖获得者、《长城》编辑部主任李浩，著名小小说作家高海涛，作家赵秀云，长篇小说作家木空先生先后应邀来校为作家班学生讲学。

校外采风。在课堂授课的基础上，带领学生去校外采风、参观，用自己的内心去亲近大自然，关注民生。

（四）出版实用教材

2016 年 4 月，中国广播电视大学出版社出版了我们编写的《创意写作：小说与剧本中的虚构和叙事》一书，使教学内容更加规范和丰富。

以上举措同时穿插并举，摈弃了传统写作课程的无趣无味，学生学得兴趣盎然。

三、“班中班”教改实验的成效与可推广性

“班中班”教改实验与训练模式、全新的写作理论指导，使得学生写作兴趣愈加浓厚，写作水平大幅提高。学生开始试着向国家、省、市级报刊投稿，并且取得了很好的成绩。

学生齐钰获 2011 年全国小小说特别奖，李家承、李艳南获 2012 年全国小小说优秀奖，刘诺的长篇小说《一曲琐碎青春》2012 年已出版发行。

此外有 30 余名学生的作品分别发表在《小小说选刊》《青年文学》《沧州师范学报》《沧州晚报》《沧州广播电视报》《沧州日报》《环渤海报》等国家级、省级和地市级报刊上。学生齐钰的散文《古城·忆》收入《我爱我家》诗文集中。2012 年 8 月，作家班 10 名学生参加沧州百名作家采风活动，相关作品正在结集出版。

学生取得的成绩，也从一个方面证明了“班中班”教改实验与训练模式具有一定的科学性、时效性和操作性，值得进一步推广和实践。

参考文献：

［1］陈鸣. 创意写作：虚构与叙事［M］. 桂林：广西师范大学出版社，2011.

［2］（美）多萝西娅·布兰德. 成为作家［M］. 刁克利译. 北京：中国人民大学出版社，2011.

［3］（美）杰里·克利弗. 小说写作教程：虚构文学速成全攻略［M］. 王著定译. 北京：中国人民大学出版社，2011.

情境作文：写作教学的源头活水

刘用良

内容摘要：大学写作教学中，如何提质增效是教学科研人员长期关注的关键课题。本文参考成功教学案例的典型经验，从情境选材、多媒体创设情境等方面进行了探索研究，应用于新闻文体、文学文体和应用文体的写作教学中，取得了一定效果。

关键词：写作；教学；情境；训练

所谓“情境作文”，就是根据学生生活实际、思想实际以及大学阶段写作教学目标，为学生创设一种特定的情境和氛围，要求言、行、情融为一体，同步展开进行的作文。情境作文教学以情境创设为手段，以情趣激发为核心，注重改善影响学生写作能力的内在因素和外部因素，把写作教学与智能训练、语言表达、性情陶冶、思想教育有机结合起来，从课内延伸到课外，变单一封闭式教学为多元开放式教学，引导学生用眼观察，用心感受丰富多彩的写作情境，从而写出富有真情实感的文章来。

要让学生写出具体的情境与氛围，教师在命题时应能够为他们创设一个“我手写我心”的氛围和情境，能够触及他们写作的动情点、兴奋点，使他们很快入情入境；能够唤醒他们沉淀的记忆，迅速搜索头脑中准备的相关内容的信息，引出表象，启发想象。

一、活动展现情境，丰富学生写作素材

目前，大学生写作普遍存在着“言之无物”的通病，究其原因乃是作为成人的大学生缺乏“公民”作文丰富的素材。这是因为一方面学习“负担”

过重、生活面狭窄所致；另一方面，恐怕是教师忽视了学生间接经验的指导。因此，学生自然会材料枯竭，无话可写了。叶圣陶先生认为，作文教学“从内容入手”，其基本思路之一是“强调丰富学生的生活，培养学生获得并积累生活经验的能力”。为此，教师应根据作文教学的目的来创造活动、展现情境，调动学生的感官去含英咀华，捕捉写作素材，触发写作灵感。

（一）游艺活动创设情境

喜欢活动，这是学生的天性和共性，活动中蕴含着丰富的作文内容，加之学生是活动的参与者，将“活动”与“写作”结合起来，文章自然会“言之有物，言之有情”。因此，我们有意识地组织学生参加一些贴近自然、贴近社会、贴近生活的活动。如参观名胜古迹、田园风光、工业园区，访问市场商厦、旧城新村、科技台站，进行歌咏比赛、智力竞赛，举行升旗仪式、演讲会等，让学生在缤纷的大千世界中观察生活，更多地吸收感性信息，丰富写作素材。2012 年 4 月，文学院狮星作家班师生赴泊头万亩梨园春游，赏梨花，进农家，谈诗文，即兴写，取得良好的教学效果。此行成为师生美好的回忆和写作随时取用的素材。

（二）实践活动感受情境

实践活动也是学生喜爱的活动形式，它不但培养了学生的主动参与意识和动手实践能力，还让学生在实践过程的感知、体验中丰富了作文素材，如参加省、市组织的集会、竞赛等项活动；也可以结合国家节庆活动，引导学生走出校门，进行社区劳动、新闻调查、人物专访等。

（三）表演活动体验情境

运用“角色表演法”让学生扮演写作题材中的人物，通过人物的音容笑貌、言行举止，栩栩如生地创演或重演事情经过，让扮演者亲自体验事件中的人和事，让观看者目睹事件的全过程，从而大家都能在写作中形象生动地反映出所见所闻所感，写出真切感人的文章来。

二、多媒体教学再现情境，强化学生写作感受

人对事物的认识总是从感知开始的。要让学生写作时能够写出具体的情境和氛围，必须引导他们经历从“感知情境”到“描绘情境”这样一个复杂

的心理过程。在这一点上多媒体在作文教学中有不可忽视的作用。充分利用多媒体形象性、再现性、可控性的特点，将人、事、物、景等写作材料通过实物、图片、录音、投影、录像等多媒体形式进行再现，让声光色像充分唤起学生的记忆或再造想象。这不仅营造了情境氛围，激发了学生兴趣，还弥补了学生认识与实际的差距，把五彩缤纷的社会生活融汇于五彩斑斓的画面之中。如在指导学生写散文前，请摄影师事先将野炊活动有选择地从旁摄录下来，在课堂上播放录像，再现秀美的田园风光和学生欢乐无比的野炊场景，引导学生细心、有序地观察，唤起学生的记忆和想象，从而引导学生写出内容既生动又充实的文章来。

三、尝试情境作文，教学效果显著

十几年的写作课教学实践，我不间断地尝试各种文体的情境教学，自身提高了写作水平，也促进了教学相长，实现了师生双赢，取得了较为理想的效果。

（一）新闻文体教学

在新闻写作中，采访和写作如影随形，密不可分。“新闻记者永远在路上”就是这个道理。理论知识课结束后，写作指导课应该创设情境。2012 年 10 月讲新闻课时，正值学校男生篮球决赛，于是我把学生拉到球场上，边看边写。第二天，全班 28 人按时交上新闻作业，从题目到内容基本符合要求。

（二）文学文体教学

诗歌、散文、小说写作水平的提高，虽非短期即可奏效，但在每一个具体的教学单元里，也是可以有所作为的。依托情境作文教学，便可事半功倍。进行诗歌教学时，我带学生浏览校园。在校园静心湖畔，我引导学生细致观察“水光潋滟”的写实境界，使学生彻悟“潋滟”是阳光下水波荡漾、浮光跃金的如梦如幻的奇妙意境，进而回味苏轼诗歌的高妙，并鼓励学生根据观察即兴写作。有学生写出“静心湖水清如许，灵鱼拍浪送诗来”的诗句，赢得师生一片掌声。

（三）应用文体教学

无论事务文书还是行政公文，实用性都是第一位的。在应用型文体的课堂教学中，创设情境或“迁课入境”依然奏效。如在会务文书和信息类文体教学中，将每一次会议或晚会、比赛作为写作素材，让学生带着笔、本，有目的性地做好记录，再按写作格式进行整理，就是可操作性强的有益有效的手段。关键是写作教师作为教学的组织者一定要全程伴随学生，并积极“下水”，与学生同题作文，方可起到应有的教学效果。

总之，作为大学写作教师，在准确传授写作基础知识的同时，沉下心思，放开眼界，创造性地多想办法，不断提高学生写作能力是一个永恒的命题。要使学生写出高质量的习作，必须根据大学生的心理特征和认知规律，并以古典文学的传统技法和外国文学的现代写作技法指导写作实践，逐步探索出一条“感知情境—积累表象—启发想象—描绘情境”的情境作文教学路子。以开放的心胸和改革的思路直面学生写作现实，是师生双方“教学相长”的长远方案，也是写作教学的“源头活水”。

参考文献：

［1］刘慧莲. 模拟情境教学法在应用写作教学中的运用［J］. 职业教育研究，2008. 9.

［2］诸晓梅. 创设情境活化模式　提高应用文写作教学效果［J］. 职教论坛，2002. 2.

［3］马正平. 高等写作思维训练教程［M］. 北京：中国人民大学出版社，2002.

关于教师口语课的思考与实践

邢彩霞

内容摘要：沧州师范学院的教师口语曾经引领全国语文口语教学的发展。本文就目前这门课程的教学存在哪些亟待解决的问题以及如何解决，从实际的教学出发，提出若干建议。

关键词：教师口语教学；问题；方法

教师口语曾经有过辉煌的历史。20 世纪 80 年代万里老师初创此课程，在全国产生重大影响。时光荏苒、时代变迁，随着人们对口才重要性认识的不断深入，不同行业的口才训练课程层出不穷。但即使以当下的视角，审视这部历经二十多年的《教师口语》教材，无论是在课程设置的理念、章节的编排、训练和理论教学比重的设计上，仍有很多值得借鉴的地方。此书的编著集中了当时此领域众多优秀的专家和学者，其精髓仍有待后来者不断去挖掘和重新认识。

时代真是变了，教师口语似乎有些“过时”了。从最初提高中学教师口语表达水平的迫切需求，到今天的可有可无的、几乎等同于“普通话”课的尴尬境遇，这种变迁的确值得我们这些从教者深思。

一、我对教师口语课的一些思考

课程的设置首先要对学生能力的提高有必要，面对当前激烈的就业压力，在校生需要掌握一些切实的技能以应对社会、服务社会。毫无疑问，作为师范院校的毕业生，学习和熟练运用教师口语的基本技能，在今后的教学中提高自身的语言艺术修为，是十分必要的。经常听人们说“有口才”的一定是

“人才”，似乎对口才重要性的论证是多余的。就当前在校专科生而言，口语表达能力良莠不齐。由于传统的重写轻说、重理轻文的固有偏见，使得很多在校生基本的口头表达能力不佳，也就是说当前这门学科的开设仍然是十分必要的。理念没错，需要存在，但是这门学科却不怎么受欢迎了，这是什么原因呢？笔者 1997 年分配到沧州师范学院（原来的沧州师专），一直从事教师口语的教学，这之间有段时间在外进修，但基本见证了这一变化的过程，我尝试说出自己的一点思考。

（一）教师个人教学能力亟待提高

目前任职的老师多数是中文专业的。中文学科尽管提供了教授这门学科的基本素质，但要把这门学科上好，仍需要更为专业化的能力。仅以朗读教学为例，我们在教学中较为程式化地教授一些外部表达技巧，尽管对有些耳熟能详的例子可以做简单示范，但因为不是专业老师，缺乏实践表演经验和专门的训练方法，在对学生指导的过程中，更多的老师显得捉襟见肘。当年万老师之所以能游刃有余，是因为她本身就是有多年工作经验的播音员。这种长时间的专业修为，显然与实际教学相得益彰。

教师口语课程内容十分丰富，每个章节如果能真正领会，变成教师的实际能力，需要长时间的艰苦磨炼。只有教师有了切身体会，才能示范、讲解，否则只能是空对空，或者浅尝辄止，不敢深入讲解。无论是演讲、辩论还是教学、教育口语，每个章节都是十分广阔的亟须开拓的领域。一个从来没有演讲经历、没经历过辩论赛场洗礼的人，甚至对中学教学没有任何接触和研究的人，如何能真正掌握那些技巧，并把它们传授给学生呢？这对老师们无疑是一种挑战。由于个人或者环境的原因，从教者继续开阔视野、提高能力的机会较为缺乏，致使学科的教学定位不但不能有突破性的发展，甚至有所降低。

（二）教学内容、考察方式缺乏统一的标准

尽管上编普通话教学有期中统一的笔试，但第二学期的教学内容一直处于不统一、各自为战的状态。这当然是由于老师各有侧重，但是缺乏对每个章节测评机制的建设，也是造成此种现象的原因之一。学校尽管有教学计划，但形同虚设。随着老师们知识领域的不断拓宽尤其是对第三部分教学口语和教育口语重视度的提高，使得这个课程以往被“腰斩”的现象有所改观，但怎么安排各章节的教学比例，如何落实各章的训练目标，要达到一个什么样的训练目的，如何考查学生，这些都没有统一的认识。事实上原先的《教师口语》课本在训练各个环节之间的编排上，是有所考虑的。就如何体现循序渐进的训练规律这点而言，目前的《教师口语训练教程》仍有继续改进的空间。针对不同的情况，灵活地运用教材无可厚非，但是如果只是根据个人的好恶，随意删减授课内容，很难让学生对本学科有一个完整的印象。根据教师口语设计阶梯性的学习效果的测评标准，迫在眉睫。

（三）大班上课，降低了训练的有效性

教师口语是技能课，而非理论课，后者更多时候可以以教师讲授为主，学生参与的机会不多，而技能课则不然，就好像教游泳，不论老师怎么讲，总要让学生下水试试，否则永远学不会。技能课更强调学生的主体性。上课除了老师的讲授和示范，还需要学生训练。以往小班上课，人少便于控制，老师更容易组织教学。而现今多是动辄几百人一起上课，甚至不同系的同学混合上课。老师上课尚且需要用话筒，况且学生发言声音小，这边发言那边听不见；这边训练，那边自行其是。很多时候老师的精力消耗在维持秩序上，一节课下来教师疲惫，学生也收获甚微。不练不行，但练习又没有成效，这确是大班上课之后无法解决的一个问题。由于人数多，考试也是个难题。这使得有些老师不得不减少训练的时间，或者减小考试的内容，很难针对不同的学生给以必要的指导。

（四）老师相互借鉴交流的平台少

交流是一个把各自经验开诚布公地说出来、相互学习的过程。教研室应更多地提供大家相互学习的机会，增强全体成员参与发展的意识。而如今的教研活动大多流于形式，应景、应酬、表演的成分多，有实际针对性的活动少。教研室缺乏必要的制度，必要的参考书、视频、音频资料的整理，出题、讲座、参加赛事等等相关事宜也没有统一的规范。信息不对称，有些原本大家都要参与的事情，却成为少数人的专利。长此以往大家的积极性自然不会高。如何调动每位老师的积极性，献计献策、参与其中、发展能力、分享成果？这恐怕既需要高超的领导能力也需要真诚的合作精神。

二、针对上述问题的一些解决思路

（一）从教者提高对课程意义的引领，不要把课程狭窄化

一堂精彩的课，需要很多的积累，需要对学科意义的思考：怎么与不同的学科建立联系，使得口才的训练更有针对性、趣味性、时效性？如何吸收和运用新的教学手段和教学理论使课堂更加丰满有效，给学生打开一扇扇的窗户，让他们真正领会语言和现实的无数关联，让他们乐于参与，甚至让学生自己设计训练项目，搜集资源，体会到一种成就感？就朗读这个章节而言，我和计算机系黄琳娜老师合作开发的朗读训练课件，在实际的教学过程中收到了很好的效果。同学们都争着过把瘾，甚至有些学生还自己学习配乐、选取图片、制作课件，在实践中增加对知识的理解，同时也发挥各自的潜能。

（二）找寻微妙而精细的“触点”和“接口”，让老师的个人展示转变为学生的自身能力

有些教师基本素质不错，经过多年的探索具备了一定的教学能力，甚至在某个领域还颇有见地，但如何把老师的“绝技”转变为学生的能力，这是一个很困扰我的问题。甚至有些老师在评课时就直接指出：老师的表演是否有必要？当然，对于老师而言能够言传身教，这是最基础的，可如果仅仅止于此，那就失却了教学的真正目的。示范重要，但给学生训练的机会，真诚地讲述自己获取技能的体验，并在教学过程中逐步渗透这些内容，有耐心、有胆量，相信学生，这对一个诚实的教师而言更为重要。

如何发掘那些“触点”和“接口”因人而异，就我而言，1997 年毕业之后从未进行过系统的朗诵训练，当年触发我兴趣的就是乔榛和丁建华的那盘磁带，之后又发现了很多老一辈朗诵家的音频材料，多听、多分析，和课本的知识点相比较，然后自己朗读、录音，反复比较，之后是找寻相关的书籍。这个过程很有意思。正是这些“触点”和“接口”把那些干巴巴的技巧照亮，使自己具有了一定的鉴赏能力。我想学生也是一样的，有句话叫“法乎其上，则仅得其中”，如果我们从开始就给学生们定的目标太低，那无疑会阻碍他们继续前行的道路。同样对于辩论而言，1993 年在大学时我就看过国际大专辩论赛，深为辩手们的唇枪舌剑所折服，之后在讲授这部分内容的时候，有些

胆怯，因为我知道辩论可不单单是嘴皮子上的功夫，它要求厚积薄发。所以几年教学下来都是让学生看录像，只是简单介绍一些辩论的程序，而未能真正让学生自己组织一次辩论赛，这显然过于保守了。之后我认真观看一些重要的国际、国内的辩论赛事，找出辩词仔细研究，同时大量地阅读《演讲与口才》中有关辩论的文章，更为重要的是对形式逻辑的相关知识的深入了解，最终增强了我的信心。这种拓宽，让我更敢于放手让学生来训练。思维训练这一环节大家都知道重要，但是怎么和实际的表达形式比如评述、演讲、辩论、教学等结合起来，我在最初的教学中从没有思考过，甚至满足于简单的列举以及一些趣味性的训练项目。之后我才明白无论是思维方式还是思维品质，它存在于任何的言语活动中，只是这种关联性需要老师自己明白之后，才能让学生领会。有时候我们过于喜欢新的例子，当然更切合现实的范例的确能引起学生的兴趣，但我感觉如果是为了讲授一种技能，还是以典型的例子为好，重要的不是例子的新与旧，而是通过例子要讲授的道理。当我们能把一个老例子讲出深意（比如不是在一个例子上呈现一个知识点，而是让它折射多个知识点）、讲出关联时，那就讲活了。其实就技艺而言，每个人都永远“在路上”。教师如此，学生亦如此。

（三）理解“短效”和“长效”的辩证关系

课堂教学当然需要深入浅出，让学生能领会，只有这样学生才有信心去训练。但在口才训练的过程中除了追求“短效”之外，还应该有“长效”的眼光和胸怀。如果把教师口语仅仅定义为一种技能，恐怕就容易产生短视心理，但我想无论哪个行业，口才应该包含更为丰富的内容，而不应该只是一种技巧。在我们过分重视“技能”——这显露出来的冰山一角的同时，似乎忽视了海底更广博的根基。我想口才更为重要的体现在为人的“真诚”和知识的“丰盈”。技巧是中性的，没有什么善恶、好坏之分，但出于什么目的运用技巧，运用技巧讲授什么知识，这些才是人们应关注的重中之重。我一直认为一个真诚而不善言辞的人比一个巧言令色的人更有人格魅力；一位知识渊博而不太懂得表达技巧的人说的话，比一位内心苍白而一味炫耀技巧的人说的话更有价值。对学生“短效”技能的培训应该和对其“长效”综合知识学习、人格历练结合起来，就像作诗“功夫在诗外”一样，我想练口才“功夫也在说之外”吧。

（四）转变思想，各尽其能

很长时间我存在“专业课”“公共课”这种等级高低的划分意识，由此感觉自己作为教公共课的教师似乎低人一等。我想人的一生时间有限，你在这方面付出时间，必然就丧失了对另外一个领域探索的机会，但不论哪一领域只要肯下功夫就必然有所获。俗话说“三百六十行，行行出状元”“术业有专攻，闻道有先后”，尺有所短，寸有所长，取长补短、通力合作才是最重要的。一位同行曾经说过：“当我们具备了基本素质之后，要开拓其他领域，只是时间问题。”但时间有限，如何扬长又补短，这对我们这些面临学科改革的口语老师来说，既是考验又是机会。

参考文献：

［1］国家教委师范司．教师口语［M］．北京：北京师范大学出版社，1996．

［2］张丽珍．教师口语教学目标的分类、测量与评价初探［J］．河南大学学报，1999．5．

［3］任莉．教师口语模块式教学构想［J］．湖南民族职业学院学报，2008．3．

语文教学论课程教学的几点做法

唐书杰

内容摘要：传统的语文教学论更侧重于教育教学理论的讲授，而对学生迫切需要的实际教学技能训练不足。为适应就业市场的需求，特别是为了提高学生尽快地、独立地走向工作岗位的能力，在该课程的教学过程中，努力从教学内容、教学方法、教学评价等方面进行大胆改革与探索，使之更向着“教学法”方向靠拢。

关键词：师范院校；语文教学论；课程改革

《国家中长期教育改革和发展规划纲要（2010－2020年）》指出：“高等教育承担着培养高级专门人才、发展科学技术文化、促进现代化建设的重大任务。提高质量是高等教育发展的核心任务，是建设高等教育强国的基本要求。”“着力培养信念执着、品德优良、知识丰富、本领过硬的高素质专门人才和拔尖创新人才。”“重点扩大应用型、复合型、技能型人才培养规模。”

师范院校是对学生进行教师职业教育的专业学校，培养更多的高素质的教师是师范院校的责任和义务。就中文专业而言，我们的目标就是培养合格的尤其是优秀的语文老师。所谓合格的语文老师，不仅要掌握足够的专业知识，还需要具备从事语文教师这个职业的教学能力。从这个意义上讲，语文教学法课程所承担的应该属于职业能力教育培训的范畴，应加大教学法课程的比重，“着力培养学生的职业道德、职业技能和就业创业能力”。然而，在现实工作中，教学法往往被教学论所替代，本来是一门实践性很强的课程，却经常被上成一门空洞无味的理论说教课。为适应就业市场的需求，特别是为了提高学生尽快独立走向社会的能力，在教学论课程的教学过程中，我努力从教学内容、教学方法、教学评价等方面进行大胆改革与探索，使之“论、法结合”，向着教学法的方向靠拢，取得了一定的成效。

一、教学内容的改革

教学内容决定着培养方向，若想提高学生的就业能力，必须对教学内容进行全方位的调整。

（一）将新的课程标准、教材的学习、研讨纳入教学范围

改革开放以来，中小学语文教学改革的步子迈得越来越大，单是语文教学大纲就进行了多次修改，名称上也不再称作“教学大纲”而改为“课程标准”。课程标准的改革不但体现在语文学科的性质、目标等方面，而且在教学理念、教学内容、教学方法等方面也做了巨大的调整。在这种变革面前，师范院校的教材很难与社会的变革同步。为适应新的变革方向、形势，摒弃旧理论，研究新课程标准，研究新教材，掌握语文教学的新趋向，是语文教学法课程必须面对的一个课题。在教学实践中，我时刻关注课程标准和语文教材的变化，将新课标、新教材的学习和研讨纳入平时的教学环节。如要求每一位学生都必须熟悉新的课程标准，熟读新的教材，背诵课程标准中规定的背诵篇目以及新教材中的一些经典篇目，并进行考核。这一教学内容的调整，为学生竞争上岗、参加教师资格证考试奠定了坚实的基础。

（二）大胆增加、删减教材内容

教材落后于形势是不争的事实，尤其是师范院校的教学论教材，在中小学教育教学改革日新月异的形势下更是如此。为了尽快适应新的形势，我对教材内容进行了大胆增减。对一些比较烦琐的、陈旧的、已经不适应当今教学实际的内容少讲略讲，甚至删除，增加一些比较前沿的、适应社会变革形势的内容，尤其是增添了关于小学语文教学的部分内容。我们都知道，以前师范专科学校培养的是初级中学教师，可自从高校扩招以来，一些中学招聘教师的首要条件是全日制本科毕业。于是许多专科或专接本的毕业生不得不去小学或幼儿园任教。尤其是2009年国家出台的在应届专科毕业生中招聘特岗教师的文件，更是明确规定专科毕业生只能报考小学的岗位。所以增加小学语文教学这一内容，对提高学生的应聘能力、拓宽学生就业渠道以及适应

社会需求是大有裨益的。

正是在这一理念指导下，我院的许多毕业生成为优秀的小学语文教师。

如邯郸市的刘杰，毕业的当年就考上了在编小学语文教师。同年 11 月，邯郸市举办小学语文教师教学基本功五项全能比赛，刘杰经过学校、区的层层选拔，脱颖而出，参加邯郸市的比赛并获二等奖。

再如望都县的陈丽，同样是毕业的当年就以第一名的好成绩考上了本县的在编教师。上班不久就在县教研员来学校听课时一鸣惊人。她的评课发言受到教研员、学校领导、老师们的一致好评。她很快就担任了中心校语文组组长，第二年暑假就去保定市参加了省骨干教师培训。2013 年暑假，在她们县招聘小学语文教师的面试考场，她已经坐在了评委席上。

同样是凭着扎实的教学基本功，我院每年都有几十名学生考上特岗教师。他们不仅成为学校的中坚力量，而且有的很快就成为学校、乡镇的佼佼者。

如毕业后就考上特岗教师的孙莹，9 月份开学刚刚上岗，11 月就代表张会亭乡参加海兴县小学语文教学优秀课例观摩研讨会，执教的《纸船——寄母亲》一课，在活动中荣获一等奖；后来又多次在县、市比赛中获一等奖。

还有很多同学考的本来是小学语文教师，但因其基本功扎实，教学能力强，实际聘用时却成了初中语文教师。

这些学生的应聘成功与教学成就，与我们大胆调整教学内容是分不开的，如果我们墨守成规，沿袭旧的教学理念与思路，这些学生就有可能失去这些就业的机会。

二、改变教学方法

（一）改变教学理念

高等师范学校的教学，尤其是教学论这门学科，更应该体现实践性的特点，体现以学生为主体的思想，要改变过去教师讲、学生听和记的状况，要使学生动脑、动手更要动口。因为作为一名合格的语文教师必须能说善讲，而说与讲的能力不是一蹴而就的，不能单靠最后的几周见习、实习，必须在平时加强这方面的训练。所以在日常教学工作中，我尽量减少讲解内容，挤出更多的时间让学生多说话、多发言、多讨论、多参与。为激发学生们说话的积极性，我还将上课发言与平时的成绩考核结合起来。我要求学生们练说话、练朗读、练书写，练讲课、练说课、练评课等等。据学生们说，他们不仅课上练，课下也练。观念的改变与这些活动的开展，有效地提高了学生的从教能力。上岗后，我的学生观念新、入道快，去了就能上课，受到了许多用人单位的好评。一位中学校长曾多次说，来了许多本科实习的我们都没留用，却聘用了你们一个专科毕业的。

（二）加强教学技能的训练

技能是要靠训练才能获得的。自己不讲课、不实践，只听别人讲课是不可能学会讲课的。正如看别人游泳、打球、开车一样，自己不实践是永远不会掌握的。为此，在教学过程中我们调整教学方案，利用微格教室的有利条件，按照三步训练法（简介练说、单项练讲、片段试教），从导语、板书、朗读、提问到讲解、分析主要内容等各个教学环节，让每个学生都参与进来，使每个学生在毕业实习之前都有五到七次登台练习试讲的机会。我还规定：要人人担任评课组长，人人参与评课；评课者必须站到讲台上，针对具体内容，评出优点与不足，并提出改正的措施等。这样的训练大大提高了学生们从教的技能、技巧，尤其是把握教材、驾驭课堂的能力。

所以在 2014 年的小学语文教师资格证考试中，我所教的两个班有 95 名同学获得了面试资格，结果有 74 人顺利通过了面试；而没有通过的 21 人，也只有 1—3 分的差距。很多学生反馈的信息是，考的就是我们平时所讲的、所练的。还有一些学生说，评委问我教过几年书了，上了几年班了，这是对我们技能训练的褒奖。

（三）带领学生们走出去

师范院校的教学不应把学生关在学校内、教室里，教学法课程更是如此。教学法不同于别的学科，借助这门课程，不仅要让学生掌握教育教学的理论，更应让他们了解学校、了解课堂、了解学生、了解课改。为实现这一目标，必须让学生走出去，这样才能使学生见世面、长知识、增才干。近些年来，我先后带学生们去过沧州市区的第五中学、第八中学、第十四中学、颐和中学等学校见习、实习，也曾带领学生去第三中学、第五中学、第十四中学、颐和中学、育红小学、迎宾路小学等学校参加市教研室组织的教学基本功比赛、教学观摩、创新课堂展示等活动。学生们先后现场听过全国著名语文特级教师余映潮老师、唐江澎老师的课和苏立康老师的讲座以及现场点评，听过沧州市教科所中学语文教研员陈树元老师关于中学语文阅读教学、作文教学的报告，也听过沧州市教科所小学语文教学研究会秘书长张东兴老师关于小学语文阅读教学、校本教研、综合性学习等的报告。这些活动不仅使学生开阔了视野，增长了见识，更使他们看到了自己的不足，也进一步明确了努力的方向。学生们经常说："看到了在刊物里看不到的课例，学到了在书本上学不到的知识。"

这些做法，不仅受到学生们的普遍欢迎，也受到了很多老师、教研员们的称赞。全国著名的语文特级教师余映潮老师曾经这样评价这些做法："我去全国各地讲过几百节课，从未见过高校的老师带领学生们来听中学课的。你对学生们真是太好了！"他曾送我一本《余映潮讲语文》，并题字："将阳光雨露挥洒在青春的生命上"。沧州市教科所小语研究会秘书长张东兴老师，被我的做法和学生们的学习热情所打动，曾在活动现场将自己刚出版的《享受语文每一天——与小学语文教师朋友分享》一书赠予我及参会的部分同学，并题字："师生共创美好未来"。"走出去"这一改革举措，使学生们受益匪浅。

（四）未雨绸缪搞讲座

为促使学生们提前进入角色，使之多学习、多实践，在每届学生开设教学法课程的前一个学期，我都会挤时间为学生们做一次《未雨绸缪，练好教学基本功》的讲座，内容包括就业形势、招聘形式、考试内容、面试要求、答辩问题以及如何准备等，使学生们做到目标明确、心中有数。为尽快提高学生们的教学能力，每次讲座时我都给学生们布置熟读教材，背诵经典篇目，阅读、摘抄、复印、下载、整理教学设计、教学案例等作业，并明确具体要求。这一小小的举措使很多学生受益。如 2012 级专接本班的一名非师范专业的学生，依照我讲座时谈的方式、方法去准备，竟然在没有学习教学法课程之前，顺利地通过了小学语文教师资格证的面试。讲座时我还提示学生们可利用假期办辅导班、做家教等，目的不在于挣钱，而在于实践。这就使学生们提前进入了"学习—实践—再学习—再实践"的阶段。

（五）加强教育实习

教育实习是师范院校学生不可缺少的实践环节。可近些年来，教育实习越来越淡化，甚至是名存实亡。然而，没有实习经历，是很难成功应聘教师岗位的。为弥补这一不足，在学院领导的帮助下，我多方联系，想方设法为学生创造实习机会。如曾组织几十名学生到沧州一中分校——颐和中学去实习。接受实习生，不是学校的任务，尤其是民办学校。但颐和中学的领导受到我的诚意与热心感染，不仅欣然接受，并且在指导教师、班级学生等方面做了周密安排，就连实习生的用餐、休息、阅览、研讨等方面也做了周密部署。在实习过程中，实习学校还为讲课的学生们照相、录像。学生们感动于颐和中学的热情，更知实习机会来之不易，于是早出晚归，冰雪无阻。我曾多次叮嘱学生，不仅要听自己指导老师的课，还应挤时间、调课去听其他老师的课，并应与老师们一起批作文、看作业、评试卷等，要从各方面来提高自己的能力。实习生们勤奋刻苦、好学乐问的精神，受到了实习学校领导、指导老师们的一致好评。学生们的汗没有白流，参加实习的几十名同学，在元旦之前就都找到了工作单位，寒假之后开学时，许多同学就已经登上讲台成为一名名副其实的语文教师了。

三、改革评价方式

考试是指挥棒，考哪些内容、什么样的考试形式，就决定了学生学什么以及如何学。为了培养适应新形势的语文教师，我努力改变过去的考试内容及考试形式。

（一）加强平时成绩的考核

根据学院的统一安排，增加平时考核的分值，减少笔试分值。为使平时成绩的评价公正、客观，我改变以往按书面作业评定成绩的做法，将讲课、评课、问题解答、担任组长、抄写资料以及出勤等多项内容都列入考核范围，然后将评分标准发到班级群里，使每位同学都了解、把握其努力的方向。在平时的教学活动中，我按实际情况做好详细记录，然后分门别类进行统计，最后再将得分情况发到班级群里，让每一位同学都可以随时核对、订正。30％的平时成绩，有的同学能得满分，也有的同学不及格，但人人口服心也服，因为每一项分数都是有根有据的，都是可以查询核对的。

（二）笔试试题重在运用

我出题一向是侧重在实际运用上，侧重在理论与实践的结合上，侧重在运用教学理论解决实际问题上，尽量减少那些死记硬背的、不实用的条条框框或空洞的大理论。如题型多是教学方案的设计、教学案例的分析、教学媒体的使用、解答学生的质疑、学习方法的指导等。当然对于汉字的读音、笔顺、偏旁部首等细节问题也从不放过。这样的考核内容，不仅增强了学生们熟悉、钻研中小学语文教材的自觉性、主动性、积极性，还培养了他们严谨认真、一丝不苟的治学态度，所以学生们经常为了一个字的读音、笔顺等争论不休。

评价方式的改变，也改变了学风，学生们由学习的被动者变成了学习的主动者，变成了教学的参与者、实践者，从而为他们实习、竞聘上岗、参加教师资格证考试等奠定了坚实的基础。

四、开展有益于提高学生教学能力的活动

教学能力是一个综合能力，它包括多门学科、多项知识、多项技能。于是，在开展教学基本功训练的基础上，要适时组织一些活动，以提高学生的从教能力和参与的积极性。如开展朗读比赛、粉笔字比赛、古诗词背诵比赛，晒成果——展示自己资料摘抄、钢笔字书写材料。每年我还会借助教师节、国庆节、元旦等节日，组织学生登台联欢，并规定不论有无特长，必须人人参加，因为参与情况要记入平时成绩。这些有益的活动，不仅使学生增长了知识，提高了能力，更主要的是激发了他们的参与意识和训练的积极性。学生们练朗诵、练演讲，练独唱、练合唱，练舞蹈、练乐器，练书法、练简笔画等，不一而足，结果不敢说的敢说了，不敢上台的敢上台了。学生们经常说："老师，我们都把宿舍当成教室了，门也成了黑板，有空就练习。"其实这正是我所希望的。托尔斯泰说过："成功的教学所需要的不是强制，而是激发学生的兴趣。"第斯·多惠指出："教育艺术的本质不在于传授，而在于激励、唤醒和鼓舞。"

在语文教学论的教学方面，我虽然进行了一些改革，但力度还不够，步

子还不大，有些活动参与面还比较狭窄，今后的路还很长。要想真正将培养学生的教学实践能力落到实处，还需要我们更多地去付出，更多地去创新，更多地去实践。

参考文献：

[1] 陶行知. 陶行知文集 [M]. 南京：江苏教育出版社，1981.
[2] 李秉德. 教学论仁 [M]. 北京：人民教育出版社，1991.
[3] 刘国正. 叶圣陶教育文集 [M]. 北京：人民教育出版社，1994.

建构语文课程与教学论教学新范式与师范生语文教师专业素养养成

王桂宏

内容摘要：要帮助师范生养成扎实的语文教师专业素养，必须打通课堂学习与日常生活间的隔断，探索课堂学习与专业阅读及言语生活相结合、语文知识技能体系建构与中文专业学习相勾连、语文教科书观摩试讲与评课研讨相结合的教学改革行动方案。建构以语文教学基本功训练、语文专业知识技能体系建构、教师角色感知和信心确立为抓手的语文课程与教学论教学新范式。

关键词：师范生；语文课程与教学论；语文教师专业素养；教学新范式

尼尔·波兹曼有个著名的论断"媒介即隐喻"，强调技术改变所带来的媒介形式变化能够以一种强大的隐形力量来规定现实世界，最终会在潜移默化中塑造整个文化的特征。如果把教学活动理解成促进学生个体生命及心智的成长，那每门课程也可视作教学媒介，教学内容、教学方式的改革势必带来学习主体话语结构的重组、思维方式的转变。语文课程与教学论作为一门专业技能课程，在中文专业师范生——未来语文教师的专业素养的培育中独挑大梁，其课程的形态、结构、质地决定着师范教育特色能否体现，应用型人才培养目标能否实现。但令人忧虑的是，目前培育语文教师专业素养的训练体系尚未搭建成型，这门课程也只是大学中文系二十几门课程之一。由语文教学法更名为语文课程与教学论，虽然增强了其学理性，但教学活动中也更易丢失它的可操作性。日益丰富的课程内容与不断缩减的教学课时，进一步挤压学生的实践讲练时间。一讲众听或分组训练各有弊端，很难因人制宜地跟踪指点，诸多现实因素制约着这门专业技能课程独特作用的发挥。面对“中文教育”专业的迎评促建，要突出自己的办学特色，建构师范生语文教师专业素养培育体系，推进语文课程与教学论教学实践改革刻不容缓。

教师专业技能课程与一般理论课程的本质差别在于它的实践性，而实现这一特质的主要路径就是观摩、消化、训练、反思、实践、研磨……最终将大脑中的知识、理念熔铸到教学设计、教研行动中，转化成教学智慧与教学能力。语文课程与教学论的课程目标定位理应是初步养成师范生的语文教师专业素养。“养成”不同于理解，不同于记忆，也不同于培养，它强调的是平日的修习、过程的扎实、目标的落实、结果的真实。至于“语文教师的专业素养”，要阐释清楚它的内涵我们首先需要辨识两组概念。

一是职业与专业。

职业是人们为获得经常性收入所从事的连续性的特殊活动，这种活动具有市场价值，决定着从业者的社会地位。职业主要表现出社会性、稳定性、经济性、技术性等特点，它无明显的内外行之别，无须长时间学习专门知识，也无须进行长时间专门训练，一般通过短期培训即可上岗。因此职业主要是一种谋生手段。

专业是指专门从事某种事业或学业，是一种必须经过专门教育或训练，具有比较高深、独特的专门知识和技术，按照一定的专业标准进行的活动。通过这种活动将解决人生和社会问题，促进社会进步并使从业者获得相应的报酬待遇及社会地位。它需要依赖系统的专业知识，需要长期的专业训练，融教学、研究为一体，内行、外行明显有别。因此专业人士有着较高的职业声望，工作于他们而言已不单纯是谋生的手段，而是一种生存方式，一种人生价值的追求。

二是素质与素养。

从汉语词源考察，素质强调事物本来的质地、性质。如《尔雅·释鸟》：“伊洛而南，素质五采皆备成章曰翚；江淮而南，青质五采皆备成章曰鹞。”这里“素质”与“青质”相对，指的是鸟羽那白色的质地。《管子·势》：“正静不争，动作不贰，素质不留，与地同极。”“素质”意指事物先天本来的特性。在心理学领域，素质指人的先天生理解剖特点，主要指神经系统、脑的特性及感觉器官和运动器官的特点。素质是心理活动发展的前提，离开这个物质基础谈不上心理发展。由此看来，素质是以人的生理和心理实际作基础，以其自然属性为基本前提的。也就是说，个体生理、心理成熟水平的不同决定着个体素质的差异。

素养在汉语中是形容一个人行为道德的词语。《汉书·李寻传》："马不伏枥，不可以趋道；士不素养，不可以重国。"宋代陆游《上殿札子》："气不素养，临事惶遽。"其中"素养"均强调了平日常行之中修身、学习、涵养、精神、气质的重要。英文中"素养"一般不译成代表品质的"Quality"，而是译作"Accomplishment"，代表由训练和实践而获得的技巧或能力。由此看来，素养是一个人在先天禀赋的基础上，经过后天环境影响、教育和自身学习、思考、修行，逐步开悟并不断丰富、发展、反思、澄明起来的一种相对稳定的内在特质，是生理、心理、思维、情感、生命、精神、智慧、情操等多方面多层次涵养的综合。这种特质通过人的形象气质、言谈举止等表现出来。

那么"语文教师的专业素养"应该包含哪些要素呢？作为母语教育的实施者，语文教师的专业素养相对其他学科教师有着更丰富的内涵。它不但要求教师能够正确理解和运用祖国的语言文字，还要求其在教育教学活动中利用自己的语识、语感高效地指导学生的言语实践，提高学生的语文素养，促进学生心智的成长。这种品质需要学习者对母语语文有长久、厚实的训练与修养，在不断的积累、感悟、反思中逐渐养成。学界对于其具体内涵有多种论述。浅白的如窦桂梅"语文教师的专业素养，我简单地概括为两句话：第一，解读教材的功夫；第二，课堂教学的功夫"。学理的如李海林对语文教师个性心理特征的分析：开放型的知识结构、交往型的能力倾向、依存型的气质类型、对言语的审美化倾向。传统的有语文教法教科书列举的思想道德素质、专业文化素质、语文教学能力素质。也有课程新编主张的：人格素养、专业素养、教学素养、科研素养，或是师德素养、知识素养、能力素养、心理素养。这些概括虽各有道理，但我更愿意从契合语境的角度考量。语文课程与教学论作为一门面向师范生开设，旨在培养未来语文学科合格教师的课程，理应以最接近《语文课程标准》理念的状态呈现其内涵。对于"语文教师的专业素养"我们可以按照语文课程标准中"知识与技能、过程与方法、情感态度与价值观”三维目标建构——语文专业知识与能力素养、语文教学活动与策略素养、深得母语文化濡染的审美情怀与思想精神素养。三者不是并列也不是递进关系，而是立体交通、体悟生成、螺旋上升的。

要在有限的学时内真正帮助师范生养成符合要求的语文教师专业素养，必须打通课堂学习与日常生活间的隔断，找到语文教师专业素养与中文所学专业课程的链接点，探索课堂学习与专业阅读及言语生活实践相结合、语文专业知识技能的体系建构与中文专业课程相勾连、语文教科书观摩试讲与评课研讨相结合的教学改革行动方案。引领师范生做自己和同学“语文教师专业素养”培育过程的行动研究者。形成一个以“明确目标—学习、阅读、训练—观察、讨论、反思—体验、感悟、发现—确定新目标—改进行动”为流程，以语文教学基本功训练、语文专业知识技能体系建构、教师角色感知和信心确立为抓手的语文课程与教学论教学新范式。让师范生语文教师专业素养的习得与发展成为一个日积月累惊喜不断的专业生命成长过程。教学实践中应牢牢把握三个根本点。

一、语文教学基本功要在习得与学得有效结合中提升

在乔姆斯基有关儿童对母语具有天赋学习能力，可以无意识自然成长的理论基础上，克拉申提出了著名的第二语言习得理论，强调“习得”是以获取信息或以信息交流为目的的语言学习过程，是一种只意识到自己在用语言交流却意识不到学习语言的潜意识的学习，是不明显的、非正式的、自然的学习；“学得”是通过教师的讲解和自己阅读语法书了解、感悟、谈论语言规则的有意识的学习，是明显的、正式的、系统的和非自然的学习，二者不相同也不能相互沟通或转换，即学得的语言知识无法转换为语言习得系统的知识，也不能用来在自然交际环境中表达说话者要表达的意义，只能对课堂作业或考试等发挥监察作用，人们使用第二语言的能力主要来自习得的知识而非学得的知识。这种将母语学习与第二语言学习、学得与习得完全割裂开来的语言学习观影响深远。事实上无论母语还是第二语言的学习都是有阶段分层次的，口语表达初期的确是情境中自然习得更见效，但从文本阅读及书面表达开始，学得就变得同等重要了。学得和习得的知识可能是有意识也可能

是无意识的，关键是两者都必须经过反复言语实践，结合个人经验思维加以修正和系统、外化和内化，才能纳入自己大脑认知体系自然运用。二者必须相互结合、有效融合，才能扎实积累快速提高语言能力。

以朗读表达为例，建议从大一开始即在中文系推行晨读经典。像《笠翁对韵》《声律启蒙》《唐诗三百首》《三字经》《百家姓》《千字文》《幼学琼林》《古文观止》《大学》《中庸》《论语》《道德经》等传统经典，《小学必背古诗文》《初中必背古诗文》《高中必背古诗文》《爱的教育》《飞鸟集》等课程标准规定的新经典，都可作为诵读选材。让每日琅琅书声成为文学院最美的和声，成为学生生命中最富意味的记忆，是为课外积累习得。教法开课后老师可每次课抽出十几分钟围绕经典诵读内容组织竞赛、分享、展演等各种活动，是为课上体验习得，若能与教师的课堂教学穿插印证，那便是学生真正的学得了。就汉字书写而言，建议从一年级提倡学生学书法，可从人手一本字帖描红开始自主习得书写心得。然后按年级增设硬笔、毛笔、粉笔书法课，让课堂学得与课下习得结合。可以统一配备一批小黑板在楼道、教室悬挂，让中文的墙壁充满了汉语的呼吸与魅力。

没有学得知识的积累，习得一门语言就无从谈起；而只有学得的知识，却没有习得的意识和习惯，语文学习也只能停留在考试上，无法发挥交际的功能。因此，这两者可谓是“你中有我，我中有你”，只有有了学习的量变积累，才会有习得的质变。

二、语文知识技能体系要在“授知”“练知”和“悟知”中建构

尽管《义务教育语文课程标准》（2011 版）仍然不提倡给学生系统讲授语文知识，但这并不代表语文知识不重要，而是强调学生语感的培养。语文素养的提升不是凭借老师的讲解学生就可演绎“授知”，而是需要老师引领学生去自主阅读、感受、体味，在大量优秀文本的鉴赏与解析对话中自己归纳“悟知”。口语交际写作等技能的获得也不是简单的口诀传授就可实现的，同样需要学生在言语实践演练中“练知”“悟知”。作为师范生要成长为一个可以唤醒、促进、点拨、诱导学生进入言语丛林觅到语言表达真谛的合格教师，必须建构起关于语词、语句、命题、句群、语境、语脉、语法、修辞、阅读、

写作、评论等的语文知识技能体系，才能高屋建瓴、游刃有余地处理教材和教学。把中文系所学专业课程与语文教师教学素养的培育联系起来，将每门课程“授知”“练知”的知识技能同化顺应到自己的语文教学专业素养中去，“悟知”它们在指导学生语文学习及言语实践中的要领及价值。

语文知识技能是语文教学的重要组成部分，它可帮助学习者系统化地接触语言，并由浅入深地对语言进行辨析化用。年级越高、学生理解分析能力越强，他们在学习中就会越不满足只知其然而不知其所以然。一定的语文知识可满足学生的求知欲望，大大提高其自主阅读效果，使其品尝到阅读的快乐和成功。因此，在强调培养学生语文听说读写能力的同时，语文课程与教学论要帮助学生系统梳理现代汉语、古代汉语、文学批评等学科知识，分解识字写字、阅读、写作、口语交际、综合性学习几大内容的教学技能，建立“语文教育专业阅读读书角”，将人教版、苏教版、冀教版等语文教科书，《语文建设》《中学语文教学》《中学语文教学参考》《语文学习》等期刊，作为促进学生比较阅读、智慧思辨的触媒，在“授知”“练知”“悟知”结合中建构起自我关于语文教学的知识技能体系。

三、教师角色感知和信心确立要在体验、感悟、反思中达成

从一名师范生成长为合格的语文教师，是一种社会角色的重大转变。即便学生已经具备了过硬的专业基本功和专业知识，可他们还是会对自己能否胜任这一陌生的新角色充满疑虑。担心课讲得不明白无趣味，担心学生不配合没反应，担心自己的语言、教态、形象等不可爱……总而言之他们不相信自己。要化解学生的紧张情绪必须让学生在教学体验中习惯自己的新角色，在观摩评课中感悟自己课堂上的价值和魅力，反思自己教学中的缺憾和不足，当他们清楚地知道自己站在讲台上会是什么样子时，上课就变成了一种期盼和享受，从容自信便油然而生了。

语文课程与教学论教学中要变换方式，利用好各种资源，创造条件让学生多登台、多表达、多试讲、多研讨、多分享。像宿舍小组诵读聊天模式、微格教室分组试讲回看录像评课模式、课前试讲检测感悟分享模式、课中小组集体研讨代表汇报模式等，都可以让教学实践变得充满趣味与挑战，让学

生在训练体验、品评感悟、反思顿悟中找到自我和感觉。单纯的重复试讲，没有批评、没有回看、没有研讨、没有反思的实践是低效的，很难带来真正的角色转换体验。要让师范生在课程学习中获得对语文教师的角色感知，确立为师信心，必须让体验伴随着感悟、让实践伴随着反思才成。

把爱上阅读、亲近汉字培养成一种习惯，把汉语经典装进学生的大脑空间，把分解的学科课程纳入母语学习知识体系，把语言生活、教学实践融入学生的人生体验，让课程的学习、组织、考评等方式成为师范生未来语文教学工作的范式……语文课程与教学论便真正契合了语文学习的规律，呈现出语文教学素养培育的过程状貌。以语文知识技能为纲，通过智慧趣味的对话实践诱导学生学会阅读与表达，在过程中开启学生的精神密码，分享文化品位、审美情趣、情感态度、价值观拔节提升的快乐，把语文学习经营成开心过日子。这样的语文课程观是语文课程与教学论这个媒介必须传递的。

参考文献：

[1]（美）尼尔·波兹曼．娱乐至死［M］．章艳译．桂林：广西师范大学出版社，2009．

[2] 李海林．言语教学论［M］．上海：上海教育出版社，2006．

[3] 钱威，徐越化．中学语文教学法［M］．上海：华东师范大学出版社，2000．

[4] 潘新和．新课程语文教学论［M］．北京：人民教育出版社，2005．

[5] 张中原，徐林祥．语文课程与教学论新编［M］．南京：江苏教育出版社，2007．

应用型人才培养理念下的大学语文教学思考

张惠玲

内容摘要：随着经济的发展和教育改革的深入，新建地方高校大多数转型于“应用型本科教育”。这种办学定位、办学思路的转型最终要落实到课程体系的改革上，也必然对大学语文教学提出新的要求。大学语文在课程定位、教学内容、教学手段、考评机制上都要与时俱进，大胆改革，才能适应市场经济发展的需要。

关键词：应用型人才；大学语文；教学；思考

随着经济的发展和教育改革的深入，新建地方高校大多数转型于“应用型本科教育”。我院适应沧州经济发展的需要，于 2012 年出台《沧州师范学院关于加强应用型人才培养工作的实施意见》，将人才培养目标定位于适应社会需要，培养高质量应用型人才。这种办学定位、办学思路的转型最终要落实到课程体系的改革上，也必然对大学语文教学提出新的要求。那么，大学语文教学如何改革？怎样才能适应办学定位转型的需要？这些都是摆在地方应用型本科院校大学语文工作者面前亟待解决的问题。大学语文应该如何上？应给学生传授什么样的知识与思想？在教学方法、手段上该如何与时俱进？笔者提出以下观点与设想供大家参考。

一、课程的定位

大学语文的本质属性是工具性和人文性的有机统一。《普通高中语文课程标准》明确规定：“语文是最重要的交际工具，是人类文化的重要组成部分。工具性与人文性的统一，是语文课的基本特点。”教育部高教司在《大学语文教学大纲》中进一步明确指出："在全日制高校设置大学语文课程，其根本目的在于：充分发挥语文学科的人文性和基础性特点，适应当代人文科学与自然科学日益交叉渗透的发展趋势，为我国的社会主义现代化建设培养具有全面素质的高质量人才。"

大学语文开设以来，对工具性、人文性在学科中的地位随时代的变化而各有侧重，20 世纪 90 年代在全国加强人文思想教育的大背景下，我校的大学语文教学也以加强人文思想教育为己任，以传播传统文化、培养学生高尚的人格和道德情操为重点，逐渐淡化语文、语法教学，淡化大学生说写能力的训练。随着社会经济发展，我校转型为培养应用型人才，这就需要我们重新审视课程性质与目标的准确定位问题。如果说过去我们的大学语文教学依据社会的需求以传播中华文化传统，满足了社会对人才的需求，那么当社会经济模式发生变化，导致社会对人才的使用和需求发生变化的今天，我们就不得不改变自身去适应和满足社会的需求。事实上，大学语文教学面临的就是来自社会对高层次人才语文应用能力实际需求的挑战。从我校学生的实际情况来看，我校学生整体语文水平偏低，书面和口头的表达能力不强，阅读理解、分析概括的能力也有待进一步提高。基于此，我们把大学语文定位为"培养大学生对汉语言敏锐而深刻的感悟能力、提高学生阅读能力以及书面语言和口头语言的表达能力"，大学语文应成为培养学生汉语言文学方面的阅读、欣赏、理解和表达能力的课程。

第二次世界大战后，特别是 20 世纪 80 年代以来，高等教育服务于社会的意识越来越受到人们的重视。哈佛大学前校长德里克·博克曾这样论述过："服务于社会仅是高等教育的功能之一，但却是最重要的功能。"一般来讲，大学教育是学校教育的最后阶段，它直接与社会对高层次人才的需求和使用接轨，因而社会的需求就是对教学的要求。诚然，中国文学在承载传统文化、传达人文精神方面具有得天独厚的优势，可以在这些方面发挥独到作用。但是，大学语文不是中文系的古代文学课，也不能定位于笼统宽泛的传统文化教育，它只能立足于语文教学本身，从欣赏和理解的角度去吸收丰富的文化内涵，而不应该成为哲学、宗教、社会与政治等文化内涵的注解与工具。大学阶段应该依然注重大学生的听、说、读、写的语文能力的培养。

二、教学内容

基于上述对课程定位的认识，大学语文在教学内容上也要实现“转型”，根据社会对人才的实际需要来设定教学内容，笔者认为应加强以下几个方面的教学。

（一）实用书面表达训练

从社会发展看，随着我国市场经济的深入发展，生产越来越社会化、国际化，社会交往中相互间的忠实、承诺将更多地以书面文字形式来表达；日益系统化的社会管理和运行也依赖于以书面表达的形式被确定；加之社会的法制化程度提高，公共关系活动的需求，以传真方式大量地进行信息传递等等，都使得人们更加离不开实用写作的知识和能力。

从学生实际看，在高等院校的学习、工作和生活中，学生们从小到一张条据，大到一篇毕业论文的方方面面都比较广泛和频繁地接触着实用文体的应用。据笔者粗略统计，高校学生常用的实用文体大致有请假条、经济条据、启事、通知、海报、喜报（红榜）、简报、倡议书、请柬、申请书、自荐书（求职信）、演讲稿、计划、总结、自我鉴定、社会实践调查报告、毕业论文等。调查结果反映出，很多大学毕业生不仅一般的通知、总结不会写，连与自己专业相关的应用写作类文章也不能完成。而这些实用性的书面写作又是各行各业日常工作的一个重要组成部分，也是最直接、具体地反映一个人语文能力的地方。因此，大学语文教学内容首先要具备与各类学科专业结合的实用性写作内容。通过与之相联系的基本理论知识的学习和实际写作练习，使各类学科专业的学生能基本掌握本专业相应的实用写作技巧，具备起码的本专业实用书面表达能力。这一内容从整个学校教育给予学生的语文知识和能力培养链环来看，恰是初高中语文教学内容构成的缺项和薄弱环节，只有通过大学阶段在这个环节方面的学习和训练，学生语文知识和能力的结构才完整。

因此，作为从事大学教育一线的教师，有责任教学生学好实用文体，掌握常用文体的写法，并通过典型的范例分析，让学生体会什么是经典汉语，什么是好文章，什么是应用文体的高标准，从而提升语文修养和语文能力，最终达到写毕业论文不苦恼，应聘工作不紧张，在工作中能说擅写、得心应手，获得职业发展。

（二）口头表达能力训练

文字表达能力和口语表达能力，是社会交往对人们提出的最基本要求。了解别人，介绍自己，合作共事，都需要较高的口语表达能力。因此，无论是择业面试还是走上工作岗位，对大学生来说，口语表达能力都是非常重要的。善于口语表达，能够用简洁、动听的语言介绍自己的情况或阐述自己的观点，是向社会推销自己、获得职业发展的关键环节。因此，我们必须认识到提高学生口头表达能力的重要性。大学语文教学必须适应社会需求，把培养学生的口语表达能力作为教学的一个重点，把提高学生“说”的能力作为大学语文教学主要目标任务之一。在教学中结合学生求职和就职的需要，对学生语言运用知识和技巧进行训练，如自我推介、竞聘演讲、谈判、社交、论辩、推销等，培养学生用口语交流思想、表达情感的能力，培养学生在现实生活中运用口语表现自我、展示自我的能力，使得学生在今后的职场中，很好地施展才华，提高竞争能力，争取更多的发展机会。

（三）综合性学习

现代社会要求公民具备创新精神、合作意识和开放的视野，具备包括阅读与表达交流在内的多方面的基本能力、运用现代技术搜集和处理信息的能力。这种能力不是单一的，而是一种综合性、实践性的能力。语文综合性学习正是在这样的时代背景下应运而生的一类新课型。语文综合性学习活动就是以语文课程的整合为基点，强调语文学习与生活的结合，促进学生语文素养的整体推进和协调发展的综合活动。设置“综合性学习”，打通课堂内外、校园内外，破除文本阅读与言语交际之间、语文素养与职业汉语能力之间的硬障壁，将对话、访谈、面试等关乎学生现在及未来学习、生活、工作质量的实用技巧列举出来，引导学生观察生活、调查真相、解决问题，提升学生归纳提炼信息、分析锤炼思想、条理修辞语言的能力。开设语文综合性学习内容成为近几年大学语文教学改革的一大亮点。

（四）读书汇报

当代大学生思想活跃，视野开阔，对各种问题尤其是社会普遍关注的热点难点问题兴趣浓厚，对很多问题都有自己的看法。读书汇报从某种角度说，属于讨论的一种。平时布置学生带着思考和想法去广泛阅读各类人文社科书籍，课堂上要求学生讲述自己的读书心得，谈出自己的人生感悟，大家共同讨论、互相启发、互相学习。这有利于学生完善自身的文化结构，提高文化修养。同时，在众人面前组织语言、陈述见解，这也是对学生心理素质、口语表达能力的训练。

（五）第二课堂

大学生语文能力的提高不可能单靠课堂教育和作业训练来完成，作为以课堂教学为主要形式的大学语文，应该积极渗透到学生热衷于参与的社会实践与校园文化活动中去，开辟大学语文广阔的第二课堂。在这个“课堂”中，既包括演讲、辩论、朗诵等语言类活动，也包括各类征文比赛等写作类活动，还有书法等文字类活动，同时涉及形象设计、摄影摄像、墙报制作、网页设计、校园歌曲演唱、知识竞赛、时装展示等综合类活动。大学语文的参与可以体现在以下几个方面：一是众多的老师担任文学社团或文学文化类比赛的指导教师，直接影响其中的活动；二是针对不同的活动内容，开设各类专题讲座，从理论上为学生精心设计“技能”装备；三是把学生的实践表现与课堂教学结合，把校园文化活动与课堂活动结合。例如在校园文化艺术月中，有意识地进行课堂内的演讲、书法、诗文朗诵等活动，学生通过课堂的总结，学用结合，能力得到提高。

三、教学手段

高等教育越来越走向网络化、数字化、国际化、个性化，大学语文课程的教学改革也要顺应发展的新趋势。网络提供了丰富的学习资源、教学资源，网络化的学习环境提供了一个图文声并茂、虚拟现实，又兼具人机交互和人人交互的教学方式。目前，全国大语界广泛关注构建大学语文网络教学平台，探索教学新模式。我校的大学语文课程不仅采用全国优秀的立体化、网络化的开放式教材，共享全国多个大学语文课程网站资源，如南开大学文学院开办的大学语文教学网（http://www.dyonline.org/）、东南大学开办的大学语文网（http://www.daxueyuwen.cn/），而且制作了具有我校独具特色的大学语文学习网站，即网易博客：大学语文学苑（http://czsydxyw.blog.163.com/），全部学习资源、教学资源网络化，通过网上留言、发帖、QQ聊天等方式实现教学互动。

四、考试手段

大学语文学习网站建成之后，学生平时可以在网上学习基本的文学、文化常识，扩大阅读。同时，师生之间、同学之间通过网上留言、发帖、跟帖交流读书心得。发帖一篇得1分；评论跟帖达10条得2分，超20条得3分，作为平时成绩计入学期总成绩。平时成绩包括读书心得、语文实践活动、考勤情况等等，以30%计入总分中。书面统一考试侧重知识的创新能力、思辨能力以及写作的基本能力，以70%计入总分中。

以上就是我对大学语文教学改革的构想与实践。这一构想与实践，其核心是从语文学科的工具性和人文性特点出发，面对现实，适应社会发展的需要，把培养学生阅读能力以及实用写作能力和语言沟通能力作为教学重点，力求学以致用，以此提高学生语文应用能力，使语文应用能力成为培养高层次应用型人才合理智能结构的坚实基础。只有这样，大学语文学科才能充分发挥在人才培养中的重要作用，服务于社会经济发展的需要，顺应历史的必然要求。

参考文献：

[1] 王桂宏. 大学语文 [M]. 保定：河北大学出版社，2011.
[2] 高校母语教育亟待加强 [N]. 北京：光明日报，2011. 1. 11.

后结构主义视域下的教学改革新探

魏建华

内容摘要：传统的教育观念和理论中，师生之间的关系是一种主客对立的关系；教师是教育关系中的主体，具有不容置疑的话语权；学生是教育关系中的客体，只能被动地接受、容纳教师所传授的知识。进入20世纪，伴随着后现代主义思想的崛起，德里达的解构主义理论、德勒兹的根茎理论、罗兰·巴特的后结构主义文本理论对当代教育理念产生了深远影响，他们的思想对教学方法改革具有一定的启发意义，为进行教学改革、建立新的课程观提供了有益的思想资源。

关键词：后结构主义；教学方法改革；德里达；德勒兹；罗兰·巴特

在传统的教育观念和理论中，师生之间的关系是一种主客对立的关系：教师是教育关系中的主体，具有不容置疑的话语权，负责对学生传道授业解惑，把知识强硬地灌输给学生，形成至高无上、全知全能的克里斯玛（charisma）型权力地位；而学生是教育关系中的客体，只能像一个容器一样被动地接受、容纳教师所传授的知识，像膜拜偶像一般跪倒在教师的神圣讲坛下面，毫无积极性、主动性、能动性可言。这种主客对立的二元论教育观、师生观，不仅造成了师生间的对立，也打击了学生的主动性、创造性，严重束缚了学生的思维活力、求知欲望和创造精神，使得课堂成为死气沉沉的一言堂，教学过程沦为填鸭式教育，整个教育系统仿佛一个大机器时代的工业流水线车间。

进入20世纪，伴随着后现代主义思想的崛起，胡塞尔的主体间性理论、生活世界理论，巴赫金的复调理论，哈贝马斯的交往行为理论，列维纳斯的他者理论，德勒兹的根茎理论，德里达的解构主义理论，罗兰·巴特的后结构主义文本理论，对当代教育理念产生了振聋发聩般的影响。在下文中，我们主要探讨以德里达、德勒兹、罗兰·巴特等人为首的后结构主义思想对教学改革的一些启发意义。

一、德里达消解“二元对立”的解构主义思想

德里达的思想之所以被称为解构主义，是因为他从深受索绪尔语言学思想影响的法国结构主义阵营当中杀出来，对结构主义学派注重二元对立的倾向进行了颠覆和消解。二元对立思维模式深深地植根于西方传统思想中，“在古典哲学的二元对立中，我们所处理的不是面对面的和平共处，而是一个强暴的等级制。在两个术语中，一个支配着另一个（在价值上、在逻辑上，等等），或者有着高高在上的权威。要消解二元对立，首先必须在一定时机推翻等级制”。比如真/伪，善/恶，自然/文化，哲学/文学，言语/文字，语言/言语，本质/现象，男人/女人，西方/东方，它们都构成二元对立，而且在这些二元对立中，西方的传统思想又认为斜线前面的项在等级上要优于、高于斜线后面的项，形成了前者对后者的统辖。类似的二元对立在西方的主流哲学传统中比比皆是。

德里达从多个方面对二元对立思想进行了消解，其中，他对于哲学/文学二元对立的解构最引人注目。德里达于 1971 年在《诗学》杂志上发表了《白色的神话——哲学文本中的隐喻》一文，后来收入《哲学的边缘》。在这篇 60 多页的长文中，德里达提出了一种崭新的隐喻观，这种隐喻观，颠覆了哲学/文学之间的二元对立，在思想史上的重大意义不容忽视。

在文章开头，德里达就提出一系列疑问：在哲学文本中有隐喻吗？以何种形式？在何种程度上？哲学文本中的隐喻是本质性的、必然的，还是偶然的？德里达的回答是：“隐喻似乎牵涉到哲学语言在它整体中的用法，就好像所谓的自然语言在哲学话语中的用法一样，也就是作为哲学语言的自然语言的用法。”在此，德里达开宗明义地表明了自己的立场：在哲学话语中，隐喻并不是一种可有可无的修饰和装饰，它其实和所谓的自然语言一样，在哲学文本中同样扮演着重要的角色。

德里达认为，在所有的哲学文本中都充斥着大量的隐喻，在每一个抽象的概念后面都有形象的隐喻存在，只不过，在漫长的使用过程中，隐喻的形象色彩，隐喻的可感性，被慢慢地销蚀殆尽，形象的隐喻死了，只剩下所谓的自然语言或形而上学语言。德里达引用了法国小说家阿纳托尔·法朗士的小说《伊壁鸠鲁的花园》中波利斐洛斯对阿里斯托斯所说的一段话来说明此意："我在想，形而上学家们，当他们为自己创造了一种语言的时候，他们就像磨刀匠。他们在磨刀石上磨的不是刀剪，而是奖章和硬币，把上面的铭文、价值和头像全部抹去。他们的工作一直持续下去，直到硬币上无物存在，既没有爱德华国王，没有威廉大帝，也没有法兰西帝国。他们说：'在这些硬币上再也没有标志它们的英文、德文或法文。我们已经把它们从所有的时间、空间的限制中解脱出来了；它们不再值5个先令；它们具有无法估量的价值，而且它们的交换价值是无限延伸的。'他们的这种说法是对的。通过这个贫穷磨刀人的活动，词语由一种物理的意义变为一种形而上学的意义。"

这段话的意义非常明确：在哲学文本中的抽象的形而上学语言，本来不过是一种隐喻。只是，随着时间的磨洗、销蚀，那些形象生动的隐喻逐渐被消磨掉了，就像硬币上的图像被摩擦掉一样。德里达在《白色的神话》中引用 Fontanier 著作中的例子：柏拉图哲学体系中最核心的一个概念"理念"（idea)，来源于古希腊语的 eido（看见），也就是被精神所看见的观念（汉语中的"观念""观点""看法"这些词，不也包含着看的意思吗?)。

我们还可以联想到海德格尔在《存在与时间》中对于"现象"的词源分析："现象（phenomenon）这个词语，可以追溯到古希腊语的 phainomenon；而 phainomenon 则由动词 phainesthai 派生而来；phainesthai 意味着显示自身。因此，phainomenon 就等于说显示着自身的东西，显现者，公开者。phainesthai 本身是 phaino 的中动态，phaino 的意思是，大白于世，置身于光明之中。phaino 的词根是 pha—，phos 的词根也是 pha—，它的意思是：光、明，即某种能公开于其中的东西，某种能在其中就其本身显而易见的东西。因此，现象一词的意义就可以确定为：就其自身显示其自身者，公开者。于是，phainomena 即'诸现象'就是：大白于世间或能够带入光明中的东西的总和。"可见，现象学中的这个关键术语"现象"，也来自一种向日式隐喻。

再比如，钱锺书小说《围城》中有一句名言："据说真理是赤裸裸的。"这句话应该是来自海德格尔"真理是无遮蔽的"这样一种观点，海德格尔认为："真理乃是一种敞开状态借以成其本质的存在者之解蔽。"这种解蔽、无遮蔽状态（Entborgenheit），在古希腊文中是 aletheia，aletheia 同时也是真理、真相、事实的意思。显然，古希腊语的"真理"（aletheia）这个词，来源于解蔽、澄明之意，也是一种向日式隐喻。

所以，在德里达看来，哲学著作中的抽象语言并不比文学著作中的形象语言高贵、优越，两者本质上并无不同，并无高级、低级之分。"任何一种抽象观念的表达，只能是一种类比。那些一心想摆脱表象世界的形而上学家们，在一种乖张的命运的支配下，只能被永远地束缚在寓言中。许多可怜的诗人，认为古代的寓言已经黯然失色，可他们自己仍是寓言的搜集者。他们制造了白色的神话。"这里所谓的"白色神话"，一方面是指哲学文本中的隐喻，经过岁月的磨洗，已经被漂白、失色，失却了本来的面目，但是它们又仍然不失活力，仍然可以被激活，就好像用白色墨水在羊皮纸上写成的文字，表面上虽然看不出来，却又无所不在，只要利用显影剂，就可以使古代草纸或羊皮纸上已消失的文字重见天日。另一方面，白色神话这个名称，反映了德里达对西方社会中根深蒂固的西方中心主义的批判："形而上学——白色的神话，它重组并反映了西方文化，白人把他自己的神话，印欧语系的神话，他自己的逻各斯，也就是他自己的语言神话，当成了普遍的形式，这种普遍的形式，他希望称之为理性。然而这并不是无可争议的。"在"白色的神话"这个名称之中，不仅包含了德里达对哲学/文学这一组二元对立的否定，也反映了他对西方/东方这一组二元对立的解构。

德里达对于二元对立思想的解构，贯穿于他的每一部著作中，这里只是通过一个比较典型的个案来展示他的解构主义思想。在以上的个案中，我们看到，在西方古典哲学中，哲学/文学和西方/东方之间本来有一条深不可测的鸿沟，这条鸿沟是等级制度的体现。经过德里达的解构，这条斜线、这道鸿沟就消失无踪了，等级制度的大厦也随之轰然倒塌。哲学/文学和西方/东方这些二元对立中前一项对后一项的统治地位、优越性竟是镜中花、水中月。德里达消解二元对立的思想，颇有些道家"齐物论"或佛家"众生平等"思想的意味。

二、德勒兹的根茎理论

德勒兹和加塔利合著的《资本主义与精神分裂（卷2）：千高原》是一部百科全书式的巨著。在这部著作中，两位哲学家把《反俄狄浦斯》中进行的思想实验进一步推向纵深。他们在书中提出了许多新哲学概念，在众多的概念中，根茎是一个处于核心地位的关键词。

在德勒兹和加塔利看来，在西方的思想传统中一直存在一种树型思维模式，这种树型思维模式实际上就是德里达所一直解构的二元对立思想。所谓树型思维模式，是指它像树一样，具有根、干、枝叶，等级、层级分明，井然有序。它遵循一生二、二生四的法则，就是在一个封闭的体系或系统中，有一个中心、根本，它处于高高在上的地位；围绕这个中心，在其下层分布着若干个低级的成员、要素。每一个低级别的成员，本身又是一个相对较高级的核心，因为在它的下级，往往又有若干个成员、要素包围、环绕着它。由此，一个树状、金字塔状的结构图式便形成了。它的整体特征就是统一性、总体性、层级性，古代的官僚机器、现代的科层制、乔姆斯基转换生成语法中的树状图（从一个点S开始，以二元分化的方式衍生，如一个句子分裂为主语、谓语，主语分裂为形容词和名词，谓语分裂为动词和名词），如图1等，都是这种树型思维模式的典型体现。传统教学中的师生关系显然也是这种树状结构。

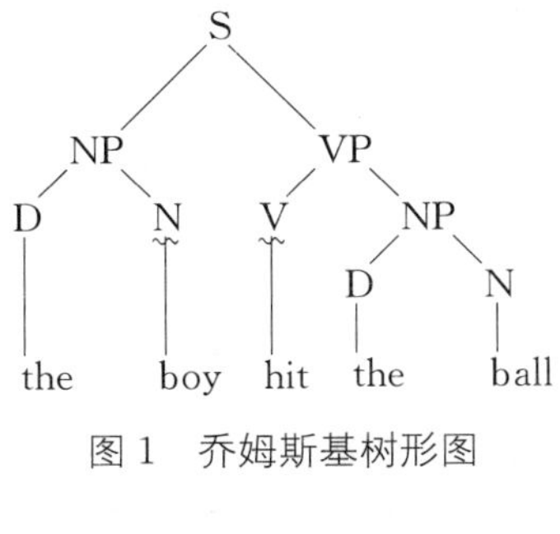

图1　乔姆斯基树形图

与此相反，德勒兹和加塔利倡导一种反二元对立思维的根茎图式。根茎具有连接、异质性、多元化、断裂性等总体特征。具体来说，与树及其根不同，根茎连接任意两点，它的线条并不必然与相同本性的线条相连接。根茎不可被还原为一或多，它不是由单位，而是由维度（或确切地说是变动的方向）构成。它没有开端也没有终结，而是始终处于中端，由此它生长并漫溢。它形成了n维的、线性的多元体，既没有主体也没有客体，可以被展开于一个容贯的平面之上，在其上“一”始终是被减去的（n－1）。在树型结构中，图式中的每一个点和线都有固定的位置，点与点之间有着二元性的关联，位置与位置之间有着一一对应的关系。但是，根茎只从线中形成（作为其维度的节段性和层化之线，作为最高维度的逃逸线和解域线），根据、沿着这些线，多元体才得以改变自身的本质和形体。根茎是一种反谱系，它是短时记忆甚至反记忆。它通过变化、拓展、征服、捕获、旁生而运作。根茎与一个必须被生成和构成的图样相关，这张图样始终是可分解、可连接、可翻转、可转变的，具有多重入口和出口，具有其自身的逃逸线。与中心化的系统相反，根茎是一个去中心化、非等级化和非示意的系统，它没有一位“将军”，也没有组织性的记忆或中心性的自动机制，相反，它仅仅为一种状态的流通所界定。树强行规定了动词“是”，而根茎则将连词“和……和……和……”作为自己的织体。在德勒兹和加塔利看来，自然界的球茎、根茎、老鼠、狐兔、野草、蚂蚁、狼群，社会中的游牧部落、飞车党、精神分裂者，文艺界的卡夫卡、尼采的文本，都是根茎。德勒兹和加塔利还以围棋与象棋来区分根茎与树。围棋中的各个棋子地位、身份、职责平等，没有等级制，没有层级化，一个棋子单靠其自身就可以歼灭一整片棋子。而象棋则不同，象棋是一种国家游戏、宫廷游戏，象棋的棋子是被编码的，每一颗棋子都有固定的特性或内在的本质，都是一个陈述的主体，被赋予了某种相对的权力或职能。象棋棋子之间具有一一对应的关系，它们的功能是结构性的。象棋是一种体制化、有条理、被编码的战争。象棋对空间实行编码和解码，而围棋则实行结域和解域。

可见，德勒兹和加塔利以根茎图式对抗树型图式，其目的在于倡导一种反二元对立、反结构、反体系、反总体性、反等级制、去中心化、异质性、多元化的思维和行为方式。这种后结构主义思想，颠覆了传统哲学体系和思维模式的大厦，为我们提供了一种全新的认识世界、阐释世界的理论视角，也为我们重新认识师生关系、进行教学改革提供了一种新思路。

三、罗兰·巴特的后结构主义文本理论

早期的罗兰·巴特是一位典型的结构主义者，他的《符号学原理》《神话学》等著作是结构主义的经典文献。从 20 世纪 60 年代后期开始，在德里达等人的解构思想以及禅宗思想的影响下，巴特转型为一位后结构主义者，对结构主义的符号学、文本理论展开了反思和批判。

传统的文本观认为每一个文本都有一个内在结构和中心思想，有内容与形式的二元对立，有一个坚硬的内核，它是作者的情感、意志、思想的集中体现。而巴特却认为文本并没有什么终极的意义，文本是一个“无中心的体系”。他在《文体及其形象》一文中指出：“我们再也不能把文本看成内容与形式的二元结构了；文本不是双重的，而是多重的；在文本中，只有形式，或者确切地说，文本从总体上来说只是多重的形式——没有一个内容。……如果说迄今为止我们曾经把文本视为一个有着内核的水果（比如杏子），果肉是形式，内核是内容，那么我们最好还是把文本当成一个洋葱，由多层表皮（或层次、系统）构成，里面到头来没有心，没有内核，没有隐秘，没有不可再简化的原理，只有无穷的包膜，它包着的只是它表层本身的统一。”

在这里，罗兰·巴特否认文本有内在的结构、终极的意义，实质是反对二元对立和逻各斯中心主义，与德里达、德勒兹的思想有着共同的理论指向。巴特在这里否认文本有中心、有终极意义，并不是完全否认文本的意义；只不过，他认为，文本的意义应该是多重的，而且，文本的意义就在于形式之中。这与俄国形式主义的文本观也不谋而合。巴特的这种“本文就是本无”的理论，也许还受到了佛教大乘空宗“缘起性空”“一切皆空”思想的启示（巴特的后期著作中经常引用佛教的教义、禅宗的话语）。大乘空宗思想认为万法皆空，一切精神现象和物质现象都是“空”，但是佛教所说的空又不是绝对的虚无、一无所有，而是说，万物没有自性，没有本真、实在的实体；世间万物皆是因缘和合而生，故不真，不真即空。巴特认为文本的本质为空、虚，这种空也不是空无所有，而是说文本像洋葱一样，其中没有一个处于核心地位的终极意义，文本的意义就在众多表皮、表层（形式）的统一（和合）

之中。钱锺书先生曾分析巴特的洋葱之喻与佛教哲学的相似之处，他发现，在《奥义书》中有芦茎抽髓之喻：让一个人从其自身中不断抽取其自性，犹如从芦苇中抽掉茎髓一样。这是巴特洋葱之喻的原型。“法国新文评派宗师言，诵诗读书不可死在句下，执着‘本文’，原是‘本无’，犹玉葱层层剥揭，内蕴核心，了不可觅。即六祖所谓‘心迷《法华》转，心悟转《法华》’；其破‘本文’亦犹释宗密《原人论》之证人乃‘五阴和合’，初无自体。此又当世西方谈艺中禅机之一例。”

罗兰·巴特不仅破除人们对文本的中心意义的执迷，还破除人们对作者的迷信。传统的文本观认为作者是文本的上帝，他主宰着文本的整体结构和全部细节，制造并洞察文本的所有意义，是文本意义的创造者。而巴特在《作者之死》中认为，传统文学作品中的作者是文本的孕育者，他和文本的关系像父亲之于子女一样。而现代作家则截然相反，他与文本同时诞生，绝不先于写作或超越于写作的存在。文本并不是传递单一的“神学”意义（作者——上帝的信息）的一行字句，而是一个多维的空间，在这个空间里各种各样的著述相互混合、相互冲突，却无一是本源。文本只是从不计其数的文化中心抽取的一套引文。由于每一个文本都是由这样的引文编织而成，所以文本就失去了独立自存的自性，所谓文本，其实都是互文。既然文本的独立性被取消，那么文本的作者也就不再是文本的唯一创造者和上帝，所以，作者必然要死亡。

在传统的教育理念中，教师是课堂中的上帝或传道士，是一切意义的创造者和宣传者。巴特宣布了文本终极意义以及作者的死刑，这无疑为我们重新思考新时期的师生观、课程观，提供了一个具有启发意义的新视域。

四、后结构主义理论对教学改革的启发意义

在上文中，我们简短地回顾了后结构主义的一些主要哲学观点，这些观点为我们反思教师与学生间的关系、进行教学改革、建立新的课程观提供了有益的思想资源。

在西方教育史上，教师中心论曾长期居于统治地位，强调教师在教育教学过程中的权威和统治地位，学生处于一种服从和被动的状态。此后的儿童

中心论将学生从传统教育的束缚中解放出来，强调学生的主动性和个人需要。教师中心主义和学生中心主义，或者牺牲成人，或者为了成人去牺牲儿童，其缺陷与危害是等同的。当今世界各种后现代主义思潮的兴起，要求师生关系应从宣讲发展到对话，树立一种师生平等对话的新型关系。德里达的消解二元对立的思想、德勒兹的倡导多元共生的根茎理论、罗兰·巴特的“文本空无”观和“作者之死”论，都启发我们破除对于教师的迷信，消除师生之间的对立，取消教师在课堂上的上帝或传道者的神圣地位，宣判了由教师口中传布的终极意义的死刑，鼓励师生之间建立一种相互尊重、平等对话、相互交流、教学相长的融洽关系。在这种新型的教学关系中，教师和学生都不是中心，毋宁说，课堂里的每一个角色，无论他是教师还是学生，都处于平等的地位上，都是一个中心，整个课堂形成一个由数十个中心或节点组成的网络。在这个网络中，信息、知识、思想自由地传递、交流，碰撞出无数璀璨的火花来。

因此，我们在教学实践中，不要把学生视为一个个没有独立人格的被动的客体，而是要把他们当作具有独立人格的自由主体，把学生的主体性、独立性、自主性作为课堂互动的前提；课堂互动是一个动态的过程，教师和学生应该在持续的互动过程中，交换思想、情感，师生之间、生生之间通过心灵的对接、意见的交换、思想的碰撞、合作的探究，实现知识的共同拥有与个性的全面发展。师生之间的互动不仅是校园里人际关系的反映，也是一种教学实践活动的形式，互动必须是民主平等的，互动必须是积极的、主动的。课堂教学中的互动，就其存在形式而言，主要有两种：师生互动和生生互动。师生互动指在教学过程中，教师和学生改变传统的老师控制课堂、君临天下，学生被动听讲、噤若寒蝉的一边倒局面，师生共同研究、共同讨论，在这一过程中，教师给学生以指点，学生给老师以启发，相互促进，教学相长；生生互动指学生间摆脱了“老死不相往来”的封闭式学习方法，在学习实践中，互相帮助，互相学习，取长补短，从而共同提高学习效果。

总之，后结构主义的哲学思想，启发我们探索有关师生关系的思想，建立一个以会话、对话为核心的课堂。在这种新的课程观中，我们把师生关系理解为平等对话、教学相长的关系，使师生观建立在民主和谐的基础上，目的是构建一种平等、合作、相互尊重和融洽的互动关系，以便完成当代教育理念中的师生观转向。

参考文献：

[1]（法）德里达. 多重立场 [M]. 佘碧平译. 北京：生活·读书·新知三联书店，2004.

[2]（法）德勒兹，（法）加塔利. 资本主义与精神分裂（卷2）：千高原 [M]. 姜宇辉译. 上海：上海书店出版社，2010.

[3] 钱锺书. 谈艺录 [M]. 北京：中华书局，1993.

后　　记

沧州师范学院文学院的前身是创建于1958年的沧州师专中文系。半个多世纪以来，我院为我国文化教育事业和社会经济发展培养了大批优秀人才。随着学校的发展壮大，我院也取得了跨越式发展，目前已从建系时的一个语文教育专科专业，发展成为拥有汉语言文学、书法学、网络与新媒体、广播电视编导、播音与主持艺术、语文教育、书法学、文秘、传播与策划“五本三专”共八个专业相互支撑、优势互补、协同发展的办学格局，成为适应当代社会发展需要的语言文学、书法学、新闻传媒人才培养基地。

虽然我们的办学规模、办学模式、办学条件、教育手段乃至师资配备等都在逐步改变与改善，但一直以来坚定不移贯彻执行的，是我们“以学生为本”的办学思路、教育理念。

所谓“以学生为本”，就是以学生的学情和学习需求来确立教育教学工作的重心。作为一线教学单位，根本就在于如何提高教育教学质量，为学生的立言立命助推加力。为此文学院始终严把质量关，一贯注重课堂教学、教改探索。近年来，我们逐渐摸索出“教授论坛”“青年教师讲课大赛”“教研室主任督导制度”“教研室听课评课制度”等一系列常规教学管理措施，让教学质量监督指导得到有力保障。在此基础上，着眼教师内涵化发展，将钻研教育之道、探索教学之法、提升教育教学水平、打造专业特色放在首要位置考量。经过多次专题研讨，我们逐步找到突破口，并积极投入行动中：2012年5月，成功启动了“精博辩学”教学训练与考核实践；试验了“班中班”特色培养模式，先后开设了“狮星作家班”“口语表达特训班”等，并取得可喜的成效。这些成功的实践，为学生提供了展示自我的平台，为学校博得了社会知名度和美誉度。

教改成果的巩固、教育教学水平的持续提高，最终需要每位教师自觉的探索意识、积极的教改构想、主动的教学实践。因此，我们于2013年底启动了“中文教改大讨论”，采用任务驱动模式，要求每位教师就自己所教授的课程，以教研室为单位，研讨教学理念、探索学生需求、打磨教学环节，最终针对学科特点、学生特点明确阐述自己的教学主张，形成相应的教改举措。历经近4年的实践周期，我们的大讨论、全行动结出了累累硕果。老师们没有泛泛空谈理论，而是紧扣学生需求、把握学科特点，对自己的教育教学工作进行个性化、针对性思考设计，并进行了有益尝试。

从最初的构想，到落到实处的探索实践，再到最终沉淀为文字并结集成册，近4年的时间里，文学院全体教师共同努力，思考着、探索着、碰撞着、调试着、整合着、完善着，群策群力共同推进“中文教改大讨论”。这背后，凝聚着老师们对教育的敬畏、对专业的热爱、对事业的尊重、对学生的关爱、对工作的热忱，折射出的是高度的责任心与进取心。正是因为拥有这样一支爱生敬业、甘于奉献的教师队伍，有学校和学院领导的帮助支持，才使我们勇于举全院之力去挑战这样一个宏大难证的论题。

本书算是我们上一阶段工作的总结，所取得的点滴成果均有待进一步验证深化。教育教学改革完善之路没有终点，社会在与时俱进的变化中也对高等教育提出更多更高要求。如何通过教育教学使学生获益最大化，如何去满足社会发展对高等教育提出的新要求，尽管困难重重，但我们已经在路上。

本书的出版，要特别感谢保定学院胡连利院长的支持，当年他在我院任副院长期间，帮助进行了本书的创意策划；感谢学院领导对文学院专业学科建设的大力支持，让我们凝神聚力，积极教学，大胆创新。

此书尚有许多可商榷处，恳请各位同仁提出宝贵意见。

吴艳华

2017年10月